마을 문화기술지와 스토리텔링:
검단 사람들의 생애 이야기

김영순 kimysoon@inha.ac.kr

중앙대학교에서 문학사를, 독일 베를린공대 기호학 전문석사와 베를린자유대에서 문화변동 전공으로 문화학박사를 받았다. 귀국 이후 조선대 연구교수, 경북대 연구교수, 교육인적자원부 학술연구교수를 역임하였다. 현재 인하대학교 사범대학 사회교육과와 동 대학원 다문화학과 교수로 재직하고 있다. 스토리텔링에 관한 주요 논저로는 『기호학으로 세상 읽기』, 『문화콘텐츠학의 탄생』, 『인문학과 문화콘텐츠』, 『지역문화 콘텐츠와 스토리텔링』, 『스토리텔링의 사회문화적 확장과 변용』, 『문화기호학과 공간스토리텔링』 등 50여 권의 공저서와 「결혼이주여성의 자기문화 스토리텔링 활용 표현교육 사례 연구」, 「인물 콘텐츠 '소서노' 활용 공간 스토리텔링으로서의 둘레길 개발 방안」 등을 비롯한 100여 편의 논문이 있다.

문화산업총서 9호

마을 문화기술지와 스토리텔링: 검단 사람들의 생애 이야기

2018년 2월 20일 초판 인쇄
2018년 2월 25일 초판 발행

지은이 | 김영순
교정교열 | 정난진
펴낸이 | 이찬규
펴낸곳 | 북코리아
등록번호 | 제03-01240호
주소 | 13209 경기도 성남시 중원구 사기막골로 45번길 14
　　　우림2차 A동 1007호
전화 | 02-704-7840
팩스 | 02-704-7848
이메일 | sunhaksa@korea.com
홈페이지 | www.북코리아.kr
ISBN | 978-89-6324-595-9 (94380)
　　　 978-89-6324-144-9 (세트)

값 17,000원

* 본서의 무단복제를 금하며, 잘못된 책은 바꾸어 드립니다.
* 이 저술은 인하대학교 연구비 지원에 의해 이루어진 것입니다.

문화산업총서 9

마을
문화기술지와
스토리텔링

VILLAGE ETHNOGRAPHY AND STORYTELLING

검단 사람들의 생애 이야기

김영순

북코리아

서문

　누군가 필자에게 마을의 개념을 묻는다면 감히 "마을은 우리의 선하고 아름다운 마음을 담은 공간이다"라고 답할 것이다.

　필자는 마을 문화기술지 작성 모형을 개발하기 위해 여러 마을에 대해 현지조사를 행한 바 있다. 상기 마을 개념은 이런 필자의 연구 경험에서 나름 정리된 것이다. 필자는 2000년 초반부터 근래에 이르기까지 인하대 사범대학 사회교육과의 학부 전공과목으로 '지역문화 탐구' 과목을 만들었다. 이는 학생들에게 지역의 마을 문화기술지를 작성할 수 있는 역량을 개발하고, 마을연구를 통해 우리 선조의 지혜를 익히도록 하는 목적을 갖고 있다. 필자가 재직하고 있는 사회교육과는 사회과 교사를 수련시키고, 이른바 '민주시민 양성'을 위한 교육적 책무를 가지고 있다. 그렇다면 '민주시민과 지역문화가 어떤 관계가 있을까?' 하는 질문이 자연스레 제기될 수 있다.

　지역문화는 특정 지역이 다른 지역과 경계를 짓는 잣대가 된다. 이런 지역문화를 이루는 기초적인 단위가 바로 각 자연마을이다. 그렇기 때문에 지역문화를 이해하기 위해 마을을 연구하는 것은 당연한 일이다. 마을은 또한 한 개인의 사회화에서 1차적 기관인 가족집단 다음으로 이어지는 사회화 기관이다. 다시 말해 마을은 민주시민이 갖춰야 할 여러 역량 중 협동의식과 사회성을 구성하는 데 매우 중요한 기관이 되는 셈이다.

마을은 가족집단보다는 큰 단위이며, 국가 단위보다는 작은 중간 범주의 기관이다. 이런 마을에 대한 탐구는 우리 모두에게 자신을 성찰하고, 자신의 정체성을 살필 수 있는 공간이다. 그렇지만 여전히 남는 문제는 '어떻게 우리가 마을을 연구할 것인가?'라는 연구방법론에 관한 것이다.

필자는 이 책에서 마을연구 방법에 대해 문화기술지 연구를 제안하고자 한다. 또한 이런 문화기술지 연구를 통해 얻어낸 결과를 스토리텔링 기법으로 정리하는 사례를 보여주고 있다. 연구의 사례 대상 지역은 인천광역시 서구 검단의 자연마을이다. 본 연구자는 LH공사로부터 검단 마을지 연구를 용역 받아 2009년부터 2010년까지 광범위한 현지조사를 수행했다. 검단지역의 법정동은 4개 동 자연부락 21개를 참여관찰하고 이곳에서 3대 이상 사신 마을주민 45명을 인터뷰했다. 그리고 이 연구결과는 이미 2010년 말에 연구보고서 형태로 제출되었다.

검단 마을지 작성을 위한 연구진으로는 필자가 연구책임자를 맡았고, 공동연구원으로는 서구문화원 박한준 소장, 현재 목포대로 가셨지만 당시에는 성산효대학원대학교에 재직한 오장근 교수, 인하대학교 오영훈 교수가 수고했다. 연구보조원의 경우 지금은 소장 학자로 활동하고 있는 필자의 연구실 제자들이던 한국방송대학교 정미강 박사, 안동대학교 임지혜 박사, 인하대학교 오세경 박사와 윤희진 박사가 수고해주었다. 당시 이들은 우리 연구실에서 학문수행 중인 박사과정의 연구생들이었다.

이미 LH공사에 제출된 연구보고서를 기반으로 이들과 함께 『지역문화 콘텐츠와 스토리텔링: 검단의 기억과 이야기』(2012, 북코리아)라는 저서를 공동으로 출간했다. 그 이후에 이미 출간된 저서에 소개되지 않았던 검단 주민들의 이야기를 또 다른 책으로 엮고자 기획하고 시도했지만 여러 사정으로 번번히 불발되었다. 이는 필자의 게으름인지 아니면 학교 보직으로 인한 분주함 때문이었는지는 단언할 수 없다. 그렇지만 학부생들과의 현지 답사 수업을 통해 간헐적으로 자료를 수집하고자 노력하였다. 이를 통해 추가로 확보된 자료들은 연구실에 쌓였고, 이 자료들은 여전히 활자로 세상에 빛을 보지 못했다.

당시 막강했던 연구팀 연구원들이 학위를 받고 제각기 새로운 연구수행의 임지로 떠나게 되면서 출판을 위한 저술 작업은 제대로 추진되지 못했다. 당시 현지조사에 연구보조원 자격으로 참여한 임지혜 박사와 윤희진 박사가 검단의 현지 어르신들과 소통이 있었다. 그래서 필자는 이들과 저술 작업 추진을 재개하려 했으나 두 박사 모두 갑작스레 새로운 연구업무를 맡게 되었다. 이로 인해 검단 마을지 연구자료들은 다시 연구실의 서가 깊숙이 묻히게 되었다.

이후 연구책임자인 필자는 검단 주민에게 늘 죄송한 마음을 갖고 있었다. 현지조사 당시 인터뷰에 응해주신 많은 어르신들, 실명을 제공해주시면서까지 이 책의 출간을 기대하셨던 분들에게 더 이상 마음의 빚을 질 수 없다고 생각했다. 그래서 2018년 새해의 가장 최우선적인 연구업무를 검단 어르신들의 '이야기 다시 쓰기'로 정했다. 이로 인해 연구실 한켠에 묻혀 있던 자료들이 다시금 내 책상 위에 자리 잡게 되었다. 만 6년이 흘러 기억은 가물가물하지만 연구자료에 포함된 사진들이 흩어진 기억들을 재생시키는 효자 역할을 했다. 집필 작업에 집중하기 위해 제주대학교 게스트하우스를 빌려 10일간의 초고 작업을 진행했다. 이로 인해 검단 어르신들의 기억들은 다시 내 기억 속에서 살아나고, 이를 통해 다시 이야기가 재탄생되었다.

이런 문화기술지와 스토리텔링의 맥락에서 집필된 이 책은 모두 5개 부분으로 이뤄진다. 1부는 '마을 문화콘텐츠와 스토리텔링'이라는 주제로 마을연구의 개

넘, 마을연구의 동향, 마을문화의 문화콘텐츠화 등에 대해 논의하고, 마을연구 수행 방법으로 문화기술지 연구와 그 연구결과를 기술할 경우 활용할 수 있는 스토리텔링에 대해 기술한다. 특히 1부에서는 마을 주민의 이야기를 채집하는 데 있어 포토텔링이라는 기법을, 그 이야기를 다시 이야기로 만드는 과정에서 가추법적 사유를 기반으로 한 스토리텔링 기법을 활용했다. 필자가 연구자로서 마을연구결과를 기술할 때 스토리텔링 기법을 적용하는 것은 마을 주민의 이야기를 해당 마을에 속하지 않는 구성원들에게 그들이 이해할 수 있는 언어를 사용하여 정서적 공감을 높이려 했다.

2부는 '검단 사람들의 아름다운 이야기'라는 주제를 달았는데, 풍요로운 자연환경의 은혜만큼이나 마을 사람들에게 서로를 아끼고 사랑하는 마음은 그 자체로 마을의 전통이 되었다. 일제강점기를 거쳐 한국전쟁 후에 배고프고 어려웠던 시절, 꿈과 희망을 잃지 않고 서로에게 의지하며 이겨낸 시간들은 여전히 그들의 가슴에 남아 추억이 되었다. 각자의 가슴 안에만 담아두기에는 너무나 크고 아름다워서 모자 간, 고부 간, 부자 간 사랑에서 피어나는 검단 사람들의 이야기들을 여기에 기록하고자 한다.

3부는 '검단 사람들의 조상을 기리는 마음'으로 주제를 설정했다. 우리는 검단에서 전통적인 마을공동체에서 나타나는 조상신 숭배 현상을 곳곳에서 볼 수 있다. 민속학적 의미에서 조상신 숭배란 부모나 조부모와 같이 피를 이어준 조상들의 혼령도 가택신의 하나로 받들어온 일상의례를 말한다. 여기에는 그들에 대한 형식적인 제사나 시제는 물론 일상생활에서 조상을 기리는 아름다운 마음도 포함된다. 검단 사람들의 조상을 기리는 아름다운 이야기 세 가지를 여기에 적는다.

4부는 '검단을 사랑하는 사람들'을 소개한다. 검단이 이토록 풍요롭고, 또 지속적으로 발전하는 데 보이지 않는 곳에서 묵묵히 일하는 사람들이 있다. 500여 년이 넘는 시간을 검단에 살아오면서 문중 대대로 지역발전을 위해 힘써온 향토사가 이종백 씨는 그 전통을 이어 오늘날 검단의 인(仁)과 예(禮)를 위해 초·중·고 학생들에게 교육활동을 하고 있다. 여기에서는 검단을 사랑하는 네 분의 어르신 이야기를 기술했다.

5부는 '검단에서 만난 공간의 기억과 흔적'을 기록했다. 검단에는 검단 사람들을 묵묵히 지키고 있는 공간, 검단 주민의 기억을 재생할 수 있는 공간이 존재한다. 이런 공간들이 있어 검단의 역사와 전통이 전승되며, 검단 사람들이 지역문화 정체성을 확립해나갈 수 있다. 역사가 시작되기 이전에 검단에 살았던 사람들의 흔적들은 검단선사박물관에서 찾아볼 수 있다. 여기에서는 검단을 아끼고 사랑하는 다양한 사람의 이야기, 그리고 검단 사람들의 기억이 재생되는 공간들의 이야기를 기술한다.

이런 과정 속에서 검단의 어르신들은 이 책의 출간에 대한 염원과 성원을 보여주셨다. 이 책을 집필하는 과정 속에서 안타까운 일은 검단 이야기의 주인공 몇 분이 세상을 떠나셨다는 것이다. 이들 어르신께서 비록 이 책의 출간을 보지는 못하셨지만 하늘에서도 기뻐하셨을 것이란 생각을 해본다. 누구나 자신이 힘들게 살아온 이야기를 꺼내놓기를 꺼려한다. 그런데 이분들은 그 이야기를 꺼내고 책으로 만들어 기록으로 남겨두고 싶어 하셨다. 이분들께서는 도시개발로 인한 이익으로 경제적 풍요를 맞은 검단 지역의 후속 세대들에게 가난했지만 아름다웠던 삶을 알려주고 싶어서라고 했다. 이런 소중한 임무를 필자가 여러 해 동안 방치했으니 어지간히 죄송스런 일이 아닐 수 없다. 가끔 검단 어르신들의 부탁으로 하는 결혼식 주례 봉사를 아내는 주례비를 못 받는 '재능기부'로 격하시키지만, 필자는 이들 검단 어르신들에게 해야 할 책무, 글쓰기를 못한 것에 대한 미안함을 위로받고자 한 것이다.

이 책의 서문을 적으면서 필자의 마음은 매우 가볍다. 그러나 부담감은 여전하다. 혹시나 스토리텔링 방법론적 속성으로 인해 있을 수 있는 이들의 이야기가 사실과 너무 격리되거나 미화되어 오해로 이어질 수 있지는 않는가 하는 점이다. 모든 스토리텔러의 딜레마는 바로 이야기의 원본과 그 이야기를 스토리텔링함으로써 달라질 수 있는 격차에 대해 고민한다. 그렇지만 변명의 원천은 스토리텔러가 아닌 스토리텔링의 본질에 있다. 스토리텔링은 사실에 기인하거나 사실로부터 스토리텔러의 창조성에 기인하기 때문이다.

이제 숙제를 끝내게 되어 마음에 진 빚은 사라졌다. 그렇지만 도전할 과제는 여전히 남는다. 이들 검단 마을 어르신들이 지닌 아름다운 마음의 근원은 어디인가? 마을 공간인가, 아니면 마을을 구성하고 있는 마을 주민 간의 상호작용에 의해서인가? 또는 이 둘 모두인가? 최근 들어 마을이 점차 사라지고 있는 현실은 가속화되었다. 이는 마을연구자들의 연구생태계라 할 수 있는 마을이 소멸되고 있음을 시사한다. 우리에게 실질적이고 물리적인 공간의 마을은 찾아보기 어려워졌지만, 그 마을의 본성을 닮은 도시 공간 속 마을은 생산될 수 있을 것이다. 서문을 마무리하면서 필자가 지닌 이런 막연한 믿음이 현실이 되었으면 한다.

인하대 서호관 연구실에서
김영순 쓰다

CONTENTS

CONTENTS

CONTENTS

CONTENTS

TABLE CONTENTS

PICTURE CONTENTS

PICTURE CONTENTS

PICTURE CONTENTS

PICTURE CONTENTS

PICTURE CONTENTS

1부

마을문화 콘텐츠의 스토리텔링

마을은 우리에게 어떤 의미인가? 마을은 어떤 지역과 지역을 나누는 지리적 경계인가? 그렇지 않으면 동일한 일상의례와 세시풍속 등의 생활문화적 단위인가? 아니면 문화적 동질성을 지닌 정서적 영역인가?

이 장은 이러한 질문들에 대한 답을 이론적 논의로 제시하고자 한다. 그렇다고 마을의 의미에 대한 정확한 해답을 내리고자 하는 것만은 아니다. 오히려 마을의 진정한 본질을 탐색하기 위한 마을연구의 문제들을 열어놓고자 한다. 마을은 한 단위의 생활공동체로서 마을주민이 함께한다. 이들에게는 정(情)이 소통되는데, 그 정은 사람들이 같은 마을 공간에서 함께 살아가는 존재라는 사실을 넘어 이들 간의 경험에 소통되기 때문이다. 정은 소통을 만들고, 소통은 경험을 만들고, 경험은 기억으로 남아 이야기를 만든다. 우리는 마을 사람들의 이야기를 다시 이야기하고자 한다.

1장.
마을연구와 마을문화 콘텐츠

1. 마을의 개념

　　필자는 검단 마을연구를 한 후 2012년에 출간한 저서 『지역문화 콘텐츠와 스토리텔링: 검단의 기억과 이야기』 서문에서 마을연구의 가치에 대해 마을이란 "해당 공간에 사는 사람들의 마음을 담은 공동체"라고 말하고 있다. 아울러 마을은 마을주민이 터를 잡고 살아가는 일상생활의 둘레라고 한다. 땅에 발을 딛고 사는 모든 인간은 어떤 마을이든 간에 둥지를 만들고 그 마을의 문화적 전통에 의존하여 살아가게 된다. 이처럼 마을은 우리 삶의 현장이자 매우 중요한 소통의 공간이다. 특히 시골 마을의 공동체 문화는 자생적 문화 창조를 주체적으로 수행하고 있어서 문화 콘텐츠 연구에 더할 나위 없이 훌륭한 대상이다(김영순·박한준 외, 2011).

　　여기서 마을연구의 의미를 간추려보면, 첫째 마을은 우리의 마음이기 때문에 인간 자체, 인간과 장소, 인간과 다른 인간의 관계를 연구하기 가장 좋은 장이며, 둘째 마을의 공동체 문화가 자생적 문화 창조를 주체적으로 수행한다는 점이다.

전자의 경우는 개인적 · 정서적 차원의 접근이며, 후자의 경우는 사회적 차원의 접근이라고 볼 수 있다. 이 두 가지 접근은 모두 마을을 연구대상으로 한 것이지만, 연구자 측면에서 마을연구의 의미를 부여한 것은 우선 임재해(2009)에서 찾아볼 수 있다.

그는 마을연구가 인문학의 본질이며, 민주주의에 이르는 길이라고 주장하면서 마을연구의 의의를 인문학자의 본분으로 주장하고 있다. 나아가 마을연구와 더불어 학자의 사명을 다음과 같이 이야기하고 있다. 무릇 학자란 학문 자체의 발전에 기여해야 할 책무가 있을 뿐만 아니라 가난하거나 헐벗은 사회적 약자들에게 관심을 가져야 하며, 사회를 바람직하게 변혁시키는 데 힘을 쏟아야 한다. 학자가 앎과 지식만을 추구하고 그 알량한 전문지식을 비학문적 · 비전공적 영역의 사람들에게 과시하려 한다면 그것은 민중 위에 군림하는 권력을 지닌 세력들과 별반 다름없다. 정치인들이 권력을 법에 규정한 대로 분권하고 재벌과 기업인들이 재산을 사회에 환원해야 하듯이 학자들 역시 지식을 사회에 되돌릴 필요가 있다. 그것이 바로 전문지식을 통한 사회 봉사활동인데, 이를 '재능기부'라고 부른다. 나아가 학문 수행 활동이나 그 결과도 해당 사회 구성원들의 삶을 향상시키고 차별을 해소하여 불평등을 극복하는 데 이바지하는 것이어야 한다(임재해, 2009).

이와 같은 임재해의 주장은 마을연구가 곧 인문학의 책무라는 점을 상기시켜 주는 것이다. 이 점에 대해 필자는 완전히 공감한다.[1] 이렇듯 마을은 인간의 마음에 관한 연구의 대상, 인간이 만들어내는 자생적 문화 창조에 관한 연구를 가능하게 하며, 나아가 마을연구가 인문학자의 본분이라고 주장한다. 또한 마을연구가

---

[1] 안동대 민속학과에 재직하신 임재해 선생은 2017년 봄학기를 끝으로 정년퇴임을 하는 순간까지 마을연구에 바쳤기에 그의 글과 행동이 일치했다고 본다. 또한 2017년 중앙일보 대학평가 인문학 분야 학문거장에 선정된 바 있다. 지금도 그는 안동의 고향마을에 집을 짓고 학문수행을 하고 있을 뿐만 아니라 SNS를 통해 끊임없이 우리 사회의 부조리를 들춰내고 인문학적 대안을 통해 해결 방안을 제시하고 있다. 이런 점에서 필자는 그의 삶을 온전한 인문학자의 실천적 삶으로 규정하고, 그가 평소 주장한 인문학자의 사명과 본분에 대해 동의를 표하고자 한다.

인문학적 가치를 실현해주는 장이라고 판단된다. 우리는 이번 절에서 이와 같은 마을연구가 지니는 가치는 물론 마을의 개념을 살펴볼 것이다.

마을의 개념을 알아보고자 인터넷 검색엔진에서 '마을'을 검색하면 바로 몇 가지 동의어 관계에 있는 단어들이 등장한다. 이들은 바로 '마을', '촌락', '취락' 등이다. 우선 '마을'은 우리가 알고 있다고 생각해서인지 농업진흥청(http://www.rda.go.kr)의 온라인 『농업용어사전』에는 다음과 같은 짧은 설명을 해놓고 있다. "마을은 대개 도심지 외부에 위치하며, 비교적 소수의 주택들과 주거지들을 구성요소로 한 지연(地緣) 단체이며 리(里)나 구(區) 단위로 나뉘어 있다. 또는 그 단체를 이룬 곳을 이르는 말이다." 즉, 마을은 도시와 대비되는 개념으로 구성되어 있다.

그러나 민속학적 관점에서 마을의 개념은 바로 촌락의 개념과 동일한 의미로 이해된다. 한국학중앙연구원(2011)의 『민족문화대백과사전』에서 '촌락'은 "사람들이 모여 사는 사회생활의 단위로서, 인간생활의 기본단위인 가족 또는 집들이 모여 정치 · 경제 · 사회 · 문화의 통합을 이루고 있는 지역집단"으로 규정되어 있다. 이와 더불어 촌락에 대한 구체적인 설명을 나열하고 있다. 촌락이란 마을, 골[谷], 동리, 부락, 취락 등으로도 불리며 대부분의 경우 마을과 의미적 상동관계에 있다. 특히 『민족문화대백과사전』의 촌락 개념 설명에서 이 글과 관련한 학문분과인 민속학, 인류학에서는 도시와 대비되는 개념으로 농산어촌의 지역사회를 총칭하여 촌락이라고 규정하고 있다. 이 학문분과에서는 촌락의 사회적 관계와 사회조직 및 계층구조 등에 관심을 가질 뿐만 아니라 촌락이라는 공간에 살아가는 사람들의 인간관계, 문화적응, 사회통합 등을 주로 다룬다. 이는 앞에서 필자가 언급한 마을연구의 개인-정서적 관점과 사회적 관점, 이 두 가지 관점과도 관련된다.

우선 『민족문화대백과사전』의 촌락 구분은 이 책의 주요 연구 관심사인 마을의 개념, 마을의 유형 구분과도 유사하다고 할 수 있다. 마을의 발생학적 관점에서 보자면 자연적으로 발생한 마을을 '자연촌' 또는 '자연부락'이라 한다. 또한 행정적으로 설정한 행정촌 또는 행정부락으로 구분할 수 있다. 그뿐만 아니라 생업의 기반에 따라 답작촌(畓作村), 전작촌, 원예작물촌 등을 포함하는 농촌과 어로촌, 양식어촌, 수산제조업촌 등을 포함하는 어촌, 광산촌, 임업촌, 축산촌, 관광촌 등의 유형으로 구분된다. 그뿐만 아니라 가옥의 밀집 분포나 정도에 따라 집촌(集村)과 산촌(散村)으로 구분하며, 촌락의 지리적 위치에 따라 평야촌, 산촌(山村), 하곡촌(河谷村), 강촌, 해촌, 교외촌 등의 유형으로 분류되기도 한다. 마을 구성원들의 혈연관계 구성에 따라 동일한 성씨가 모여 살면 '동성촌' 또는 '동족 부락'이라고 한다. 이와 반대로 각기 다른 성씨끼리 모여 살면 '각성촌' 또는 '비동족 부락'이라고 한다.

여기서 주목할 마을 유형은 '자연부락'이라고 하는 자연마을이다. 자연마을은 민속학, 인류학의 현지연구 장소로 활용된다. 이렇게 자연마을로 간주될 수 있는 조건은 마을제사라고 할 수 있는 동제, 당고사, 마을고사 등을 공동으로 하는 범주, 동리매[2] 또는 동리추방이 이뤄지는 지역, 애경사가 있을 때 함께 즐거워하고 축하해주는 지역, 흉조사가 있을 때 함께 슬퍼해주는 영역을 들고 있다. 그리고 애매한 분류이기는 하지만 대부분 명칭상 마을 또는 고을이라는 명칭은 취락 또는 하위 자연부락과 의미가 같으며, 동리는 자연부락만을 지칭하고, 부락은 행정부락 또는 자연부락을 모두 지칭하는 용어다. 이러한 분류기준은 분명히 생활의례 및 세시풍속 규범문화의 동질성과 관련이 있다.

그런데 마을과 다른 마을의 경계 지음을 경제적인 측면에서 찾는 개념도 있다. 이 경제적 개념의 영역에서 마을은 해당 구성원들의 기본적인 욕구인 의식주 등을 해소 혹은 만족시켜주고 신체적 안전을 보장하기 위해 음식, 주거, 기타 생활

---

2) 전통적인 촌락사회에서는 사회질서를 유지하기 위한 자치적인 사회 통제의 방안으로 돌림·출향(黜鄕)·조리돌리기·화자개 등의 벌칙이 있어왔는데, 동리매는 죄지은 사람의 신체에 직접적인 처벌을 가한다는 특징을 가지고 있다. 이러한 처벌은 대게 마을의 어른들에 의하여 제안되어 동네 회의를 거쳐 결정된 뒤에 마을 사람들이 모인 공개된 장소에서 행하여진다(한국학중앙연구원, 2011).

에 필요한 물질적인 공급이 이뤄져야 한다. 다시 말해 마을은 한 단위로서 생산과 소비가 이뤄지는 생활 및 경제 공동체임을 의미하기도 한다.

이와 같이 마을 및 촌락의 유형은 다양한 분류기준에 따라 구분, 범주 등이 가능하다. 중요한 것은 촌락이 다른 촌락과 구분되는 기준은 촌락을 구성하고 있는 물리적 속성과 구성원들의 응집성 및 촌락구조의 포괄성이 뚜렷해야 한 단위로서의 촌락이 지닌 특성을 드러낸다. 이런 촌락의 개념들은 마을의 개념을 규정할 때 유형적으로는 특정한 지리적 범위를 갖고 명확한 지명이 부여되어 있으며, 관념 및 규범적으로는 동질의 문화가 통용되고, 한 단위의 경제 및 생활공동체라고 할 수 있다. 이와 같은 총체적 입장의 마을 개념 규정으로부터 개인적·정서적 측면의 마을 개념은 '향토'라는 개념에서 찾을 수 있다.

마을은 '향토사회'를 기반으로 한 해당 마을 공간 구성원들의 공동체적 삶의 터전이다. '향토'란 "고향의 영토 혹은 흙"이라는 의미로, 사전적으로는 "자기가 태어나서 자란 땅 또는 시골이나 고장"이라는 뜻을 내포하고 있다. 임동권(1978)은 향토라는 용어 속에 이미 해당 사회 속에 살아가는 개인의 정서와 생활의 체험이 묻어난 주관적 의미가 담겨 있다고 본다. 마을은 향토의 의미를 구현하는 공간이다. 마을은 해당 사회 속에 거주하는 사람들의 다양한 경험을 담고 있는 공간이자 해당 주민과 지속적으로 상호작용하면서 그들의 자아를 형성하는 데 영향을 주는 정서적인 장소다. 따라서 향토라는 개념을 가지고 마을을 연구하는 것 역시 개인적·정서적 차원은 물론 이 향토를 느끼고 그 감정을 공유하는 마을 구성원들의 사회적 차원의 접근을 가능케 하는 것이다.

최근 들어 마을의 개념은 위에서 설명한 촌락의 개념 중 도시와 반대되는 '것'에서 벗어나 오히려 '도시마을', '마을도시'라는 개념으로 확장되고 있다. 이를테면 아파트 단지도 단풍마을, 까치마을 등의 이름을 사용하고 있다. 이런 방식으로 아파트촌의 작명은 현재 아파트 단지 이전에 기존 자연부락의 이름에서 유래된 경우가 있다. 그런데 도시 한가운데 마을이 버젓이 존재한다. 이는 형식적으로나마 삭막한 도시에 마을의 '소통 방식'을 이식하려는 도시계획자들의 계획으로 간주할 수 있다. 이렇게 도시에다 마을의 개념을 도입한 경향의 하나가 바로 도시민속의 개념이다.

이는 도시민속학을 주창한 일련의 연구들로서 김명자(2005), 박환영(2006: 2011), 임재해(2007), 박경용(2007), 최원오(2009), 김정하(2013: 2016), 정형오(2013: 2014) 등에서 찾아볼 수 있다. 이들 연구에서 공통적으로 나타나는 도시민속의 연구방법은 한국사회가 가지는 특징을 고려하여 도시가 지닌 민속을 해석하는 방법을 제시해야 한다는 전제를 가지고 있다. 이 연구들의 주장은 다소 상이하나 요약하면 도시의 다양한 요소를 집합체라고 볼 수 있는 직업별·계층별로 이해하는 방법, 도시의 다양한 요소를 하나의 유기체로 보는 총체적인 이해방법, 문화변동론적인 관점에서 도시의 민속을 파악하고 이해하는 방법을 제안하고 있다.

이는 마을연구와 맥을 같이한다고 볼 수 있다. 단지 도시민속은 마을보다는 다양하고 복잡한 공간, 다양한 계층의 존재와 이 계층에 따라 차이나는 생활 방식, 새로운 물질문명의 등장으로 문화변동의 폭이 크고 주기가 짧다는 특성을 지닌다. 그럼에도 도시는 마을의 확장된 개념이라는 점을 연구의 핵심으로 두고 있다. 이는 당연히 마을의 개념이 현대의 도시공간에도 적용될 수 있음을 시사하는 것이다. 필자가 이 책을 통해 전하려는 것 역시 검단 신도시가 갑자기 하늘에서 뚝 떨어졌거나 아무것도 없던 땅에 계획으로 세워진 도시 공간이 아니라는 점이다. 겉으로는 현대를 상징하는 새 옷을 입고 있는 듯하지만, 이 공간에는 예전부터 촌락적 마을에서 형성된 이야기와 기억들이 내재하고 있다는 점이다.

필자는 위에서 촌락적 마을에서 시작하여 검단 신도시 같은 도시 공간 역시 마을의 확장된 개념으로 보아야 한다는 점에 동의한다. 그래서 이 책은 검단 신도시와 같이 최근 들어 확대되는 '뉴타운'에 '마을 소통'을 이식시키고자 하는 의도를 지닌다. 그 논리는 다음과 같다. 마을은 전술한 바대로 농촌적인 동질성에 기초한 공간인 반면에 도시는 개인의 자율성과 다양성을 중시하는 공간이다. 즉, 이질적인 사람들이 서로의 자유를 인정하면서 교류하고, 다양한 생활을 할 수 있게 하는 장이라 할 수 있다. 도시에서의 생활도 역시 해당 사회 구성원들 간 협동이 요구되지만 각 개인의 자율성을 침해해서는 안 된다. 또한 공동체적 연대를 간과하고 개인의 자유만을 주장한다면 도시는 유지될 수 없고, 계획에 의해 발전시킨 자유로운 공간으로서의 도시도 소멸될 수 있다.

바로 이 점에서 도시 공간에 마을문화가 도입될 필요성이 제기된다. 마을로의 회귀가 아니라면, 도시 공간은 마을의 정서를 받아들이고 마을화해야 한다. 도시 속에 마을과 같은 공동체적 삶이 필요하다. 도시는 마을과 같이 다양한 사람이 자유롭게 상호 신뢰하면서 교류할 수 있어야 한다. 필자 역시 아파트에 살지만 마을의 소통 방식을 되살리려는 실험적 삶을 실천한다.[3] 이와 같은 진술이 바로 이 책의 집필 목적이라고 봐도 좋다.

2. 마을연구 동향

전통적으로 마을에 관한 연구는 민속학, 인류학, 지리학, 사회학, 지역개발학 분야에서 활발하게 수행되어왔다. 이렇게 다양한 학문 분과 혹은 간학문적 관점에

---

3) 필자가 둥지를 틀고 사는 곳은 인천시 논현동 은봉로에 위치한 새터마을 아파트다. 실제로 인근 지역에서는 새터마을이라기보다 '신일해피트리'라고 불린다. 필자는 이 아파트에서 동대표에 출마하여 2년간 마을공동체 발전을 위해 기여한 경험이 있다. 그 이전 이사를 오면서부터 아파트 모든 사람에게 인사 운동을 벌였다. 모르는 사람이라도 이사를 자주 하면 이웃이 되는 체험을 한 바 있다. 마을 사람들은 모두 서로를 잘 알고 지낸다. 아파트로 이뤄진 도시마을에 촌락적·향토적 의사소통이 필요한 때다. 이를 통해 이웃 관계가 회복되고 상호의존적인 인간관계가 재생될 것이라는 믿음을 가지고 있다.

서 연구경향을 살펴보면 네 가지 특징적인 경향을 갖는다. 첫째, 민속학 관점에서의 마을민속 연구다. 둘째, 문화 콘텐츠 관점에서의 마을연구다. 셋째, 마을 만들기 관점에서의 마을연구다. 넷째, 그린투어리즘, 팜스테이 등 관광과 관련한 관점에서의 마을연구다. 이 절에서는 스토리텔링 연구와 관련이 있는 민속학적 관점, 문화 콘텐츠 관점, 마을 만들기 관점에서의 연구 경향을 두루 살펴볼 것이다.

1) 민속학적 관점에서의 마을연구

마을연구에서 가장 고전적인 연구 경향이 바로 민속학 관점의 연구다. 1979년 안동대학교 민속학과가 개설된 이래로 이 학과의 교수진들과 학부, 대학원생들은 경북 및 안동지역은 물론 전국 마을을 대상으로 하는 마을민속 연구를 수행하고 있다. 어떻게 보면 대한민국 마을연구의 1번지라고 볼 수 있다.

많은 대학이 인문학에 대한 선호도가 떨어지자 민속학 관련 학과를 폐과하거나 다른 학과와 통폐합하는 경향이 있어왔다. 이런 맥락에서 안동대학교는 국내 유일의 민속학과를 가지고 있어서 마을연구의 독보적 역할을 감당하고 있다. 이로 인해 민속학을 비롯한 마을연구를 위한 인문학의 학문 후속세대 양성을 톡톡히 하고 있다. 학부 단위의 경우 중앙대 민속학과가 폐지된 이후 안동대 민속학과가 마을민속 연구에 독보적인 학문 후속세대 양성기관으로 성장했다고 해도 과언이 아니다. 특히 안동대학교 한국학연구원 민속학연구소의 학술지 「민속연구」는 주로 마을민속에 관한 연구물들이 게재되어 있어서 안동대학교 민속학과가 마을연구자를 양성하고, 민속학연구소는 이들이 연구하는 공간 역할을 하고 있으며, 「민속연구」는 연구결과를 발표하는 이른바 연구의 '삼박자'를 갖추고 있다.

지금까지 마을에 관한 민속학적 연구는 매우 활발하게 진행되어왔다. 이들

연구를 살펴보면 다음과 같다. 마을의 민속학적 접근을 위한 이론적 연구로는 나승만(2002)의 「마을 민속 조사·연구의 실제와 문제」, 임재해(2005)의 「마을민속, 무엇을 어떻게 연구할 것인가」, 김창민(2008)의 「마을 조사와 연구에 대한 비판적 성찰」 등이 대표적이다. 또한 마을연구의 의의 및 가치를 피력한 임재해(2008)의 「공동체 문화로서 마을 민속문화의 공유 가치」, 임재해(2009)의 「마을민속 연구와 인문학문의 길」, 조희진(2009)의 「마을민속 연구의 사각지대」 등의 논문이 있다. 그밖의 마을에 관한 민속학적 연구의 확장성과 융합연구의 가능성을 보여주는 논문들도 있다. 이를테면 김시덕(2009)의 「마을민속에서 산업민속으로 변화되는 일생의례의 연구」, 서해숙(2010)의 「농촌마을의 민속변화와 문화적 대응」, 김정하(2013)의 「도시마을 현대민속의 역동성과 진정성」, 정명철·유수영(2015)의 「농촌마을 민속지식 발굴과 활용의 실제」, 배영동(2015)의 「전통적 마을민속의 공공문화 자원화과정」 등이다. 이들 연구는 대부분 안동대학교 민속연구소의 학술지 「민속연구」에 게재된 소논문들이다.

　　이와 같이 최근 들어 마을을 민속학적으로 접근한다는 것은 마을민속의 가치들을 현대화한다는 것과 맥락을 같이하고 있다. 이는 곧 민속문화에 내재되어 있는 보편적인 공유가치를 찾아내고 그것을 현대사회의 자원으로서 기능할 수 있는 형태로 가공하는 것이다. 따라서 일각에서는 마을민속 연구에서 민속학 전공자만이 아니라 인류학 전공자, 지리학 전공자, 지방사 및 마을사지 연구자, 구비문학 전공자 등의 융복합연구가 필요하다는 인식이 지배적이다.

2) 문화 콘텐츠 관점에서의 마을연구

　　마을을 문화 콘텐츠 관점에서 접근한 일련의 연구들은 대체로 원형 발굴 및 스토리텔링과 관련성을 지니고 있다. 신동흔(2006)은 문화 콘텐츠의 대상으로서 마을민속의 속성과 의미를 바르게 이해하고 파악하여 그 원형적 가치를 복원할 수 있도록 하는 것이 민속학자의 역할이라고 말한다. 이를 위해서는 민속자료의 가치를 깊이 있게 연구하고 그 자료들이 지닌 의미를 정확히 이해하여 표현하는 작업이 필요하다고 주장한다. 그 이유는 마을에서 생산된 이야기의 채록 같은 민속학적 연구 기반이 탄탄하지 않은 상황에서는 실제로 우수한 콘텐츠를 기대할 수 없기 때문이다.

또한 심승구(2005)는 콘텐츠 작업이란 본질적으로 융합적인 학문의 지식 및 연구방법론을 필요로 하며, 학문과 현실상황을 연계한 통합적인 관점도 필요하다고 피력한다. 이러한 과정 속에서 민속의 존재방식 및 가치와 관련된 인식을 확장해 나갈 수 있다고 본다. 한상일(2009) 역시 민속문화도 이와 같은 맥락을 지니고 있으며, 문화의 생산주체와 소비주체 간의 역동적인 관계를 만들어낸다고 한다. 이런 관계 속에서 마을민속 역시 현재의 문화적 상황에 필요한 양식으로 재생산 및 재창조되어야 자원으로서의 민속의 가치를 드러낼 수 있다고 본다.

김영순·임지혜(2010)는 연구자나 콘텐츠 기획자들이 마을에 담재된 가치들을 문화 콘텐츠의 리소스로서의 역할과 기능을 한다고 간주하고 이를 문화자원으로 환원해야 할 의무가 있다고 주장한다. 다시 말해 마을 자원들을 현대적이고 대중적인 감각에 맞도록 재구성하고 실용적으로 활용할 수 있는 방안에 대한 연구들이 필요하다고 제안한다. 첫째, 마을이 지닌 문화 자체의 가치를 연구하기 위해 민속학적인 조사를 수행하고, 이를 통해 원형 발굴에 주력하는 것이다. 마을의 문화를 탐구하는 것은 인간 그 자체와 본성을 이해하는 데 큰 공헌을 하므로 미래에 펼쳐질 문화를 위한 대안 방향을 제시할 수 있다는 것이다. 이 점은 신동흔(2006)과 의견을 공감한 것으로 이해할 수 있다. 우리는 이 대목에서 앞서 마을의 본질적인 정의인 "마을은 우리의 마음을 담고 있는 공간이라는 것"을 새삼 되새길 필요가 있다.

둘째, 마을문화 요소들을 문화 콘텐츠로 인식하고 문화산업의 대상으로 환원하여 그것을 개발하는 데 주력하는 것이다. 그럼으로써 문화산업적 가치를 높이는 것이다. 마을문화의 요소들이 온전하게 남아 있는 지역들은 흔히 발전의 사각지대로 남아 있던 낙후지역이나 개발할 필요성이 없는 것으로 검토된 장소다. 이런 연유로 나름 잘 보존되어 있는 마을문화의 요소는 지역 발전을 위한 전략적 요소로 활용될 수 있다. 그뿐만 아니라 마을의 독특한 민속문화는 지역의 관광자원으로 활용될 수 있는 잠재력을 가지고 있다. 또는 신도시 개발을 앞둔 마을의 존재가 사라지기 전에 그 지역의 지명유래, 전통의례, 주민의 이야기들을 채집하여 이를 보존하는 것이다.

셋째, 마을문화의 요소들을 콘텐츠로 활용할 수 있도록 정리하고 가공하여 디지털 아카이브를 구축하는 것이다. 이런 관점은 김현 외(2009)에서 찾아볼 수 있으며, 이들의 연구에서 주장한 인문정보학의 가치에 주목할 필요가 있다. 어떻게 보면 세간의 주목을 받지 못한 마을문화들은 연구자들이나 해당 지역의 소수 사람들에게만 접근이 허용됐던 것이 사실이다. 그러므로 마을문화의 요소들을 디지털 기술로 표현해 대중화하자는 것이다. 그럼으로써 마을문화 자료에 대한 접근성을 향상시키고 문화 콘텐츠 산업기반을 마련할 수 있다고 보았다. 이처럼 민속문화의 요소들을 활용한다는 것은 문화를 재구성, 활용 등 조작 가능한 대상으로 여긴다는 관점에서 '문화의 객체화'라고 할 수 있다(남근우, 2008: 63-67).

임지혜(2012)는 문화의 객체화를 다음과 같이 해석한다. 선택된 마을의 문화 요소, 즉 민속문화 자료는 그것이 고래로부터 전승된 것이라 할지라도 어떠한 특정 목적과 의도 속에서 추출된 연유로 인해 본래 문화적 맥락과 같은 의미를 지닐 수 없다는 관점이다. 이러한 관점은 김영순 외(2018)가 주장하는 스토리텔링의 본질, 즉 '어떤 이야기를 다시 이야기하는 것'과 관련이 있다. 이는 Rihtman-

Augustin(1978)의 입장⁴⁾과 사실상 다름이 없는 논리다. 이런 맥락에서 문화의 객체화란 마을민속을 활용하는 개념이 되는 것이며, 마을민속의 내용물인 콘텐츠를 스토리텔링하는 것을 의미한다.

구체적으로 보자면 스토리텔링의 중요한 시작점은 원형 발굴이라는 점이다. 민속학자들에 따르면 '원형'이란 전승되고 있는 가장 오래된 문화들 중 온전한 형태로 존재하는 것이며, '역사성', '전통성', '전승성', '민중성', '생활성', '현재성', '공동체성' 등의 조건들을 충족시키는 것이다. 하지만 문화 현상 전체를 놓고 그중에서 '가장 오래되고 온전한 형태'를 찾는다는 것은 애매한 일일지도 모른다. 혹은 문화 원형을 탐색한다는 일이 불가능할지도 모른다. 그 이유는 문화의 변동성과 특수성이 작동하기 때문이다. 이를테면 '아리랑'의 원형을 탐구하고자 할 때 정말 어떤 지역의 아리랑이 원형일까를 따지기보다는 '정선 아리랑' 혹은 '진도 아리랑'의 원형이 무엇일까에 초점이 맞춰질 수 있다. 혹은 문화원형이 마치 언어에서의 표준어와 방언 구분이라는 차원으로 본다 해도 문제는 여전히 존재한다. 이른바 각 시대의 도읍지, 현대적 의미의 수도 문화가 과연 문화원형일까? 아닐 것이다. 문화는 언어와는 다른 측면의 다양성과 특수성에 기인하기 때문이다. 따라서 사회적으로 활용되고 있는 '원형'은 어쩌면 현실의 필요나 문화향유자들인 대중의 요구에 따라, 또는 사회적 상황 변화에 적절하게 재해석되거나 재배열 혹은 재구성된다고 볼 수 있다.

현재 우리나라에서 원형을 발굴하고 스토리텔링을 수행한 대표적인 국책사업은 에서 추진해오는 한국학중앙연구원의 한국향토문화전자대전(http://www.grandculture.net)과 문화 콘텐츠진흥원의 디지털문화원형 사업인 문화 콘텐츠닷컴

---

4) Rihtman-Augustin(1978)은 전통적인 민속의 변형과정을 다음과 같이 세 단계로 설명하고 있다. 민속은 본래의 표현 방식 속에 그것의 가치가 살아있는 단계이고, 나아가 민속이 현대적인 매체와 결합하면서 기존의 고유한 특징들을 상실한 '새로운 민속'이 대중문화 영역에 등장하는 단계다. 또한 민속이 현대 예술에 모티프와 아이니어를 제공한다. 그럼으로써 문화 창작을 위한 발상으로서 새로운 영감을 부여하는 기능을 한다.

〈그림 1-1〉
한국학중앙연구원의
한국향토문화전자대전

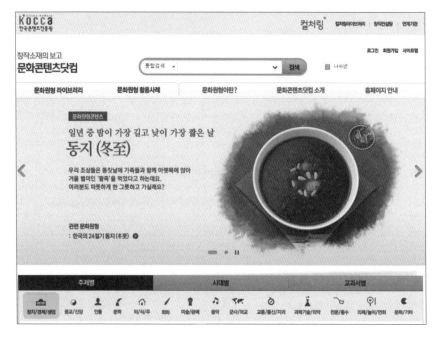

〈그림 1-2〉
문화 콘텐츠진흥원의
문화 콘텐츠닷컴

(http://www.culturecontent.com)을 대표적인 것으로 볼 수 있다. 특히 후자의 경우는 지역문화 콘텐츠 개발과 관련이 있다.

고석규(2006)는 지역문화 콘텐츠 개발에 대해 다음과 같이 주장하고 있다. 지역문화 콘텐츠를 개발하는 것은 지역의 고유성을 배경으로 한 지역문화의 특수성을 소재로 해야 한다. 나아가 이를 보편적 가치로 환원하는 탈지역화의 단계를 거쳐 세계화에 적합한 문화 콘텐츠, 즉 보편성을 지향하는 문화 콘텐츠로 환원시키는 과정이라고 했다.

임지혜(2012)는 '지역문화'를 지역 특유의 독특한 문화로 간주하고, 지역문화의 자원으로 가공되지 않은 것을 마을문화의 원형으로 간주한다고 말했다. 그리고 마을문화 콘텐츠는 마을 특유의 문화를 많은 사람이 공감할 수 있도록 일반화된 정서적 차원으로 가공하여 경제적 가치로 포장된 상품을 의미한다고 주장한다. 아울러 이에 대한 사례로 우리나라 고유의 음식문화인 '김치의 글로벌화'를 들고 있다. 우리나라 김치를 글로벌 상품으로 만들기 위해 김치 만들기에 사용하는 젓갈과 염분을 줄이고 맛을 세계인이 선호할 수 있도록 조절하여 판매하는 것과 같은 이치다. 이때 '지역문화'와 '문화 콘텐츠' 중 어느 부분을 강조하느냐에 따라 각각 가지는 가치나 의미, 그리고 궁극적으로 추구하고자 하는 것이 확연히 달라질 수 있다.

그런데 이와 같은 '김치의 글로벌화'는 실제로 글로벌 전략보다는 글로컬 전략을 필요로 한다. 그 이유는 맥도날드나 코카콜라가 전 세계인의 입맛을 사로잡는 글로벌 전략을 선택하고 있다고 하지만, 각 지역의 로컬문화를 반영한다는 사실이다. 세계 모든 사람의 입맛은 동일하거나 비슷하지 않으며, 지역이나 문화에 따라 글로벌화된 김치를 선호하지 않을 수 있다. 결국 김치는 재료의 혼합 비중이나 가공 과정 등에서 로컬적인 맛 감각을 좌시할 수 없다. 이로써 문화의 글로벌화는 확장성을 의미하지 결코 표준화를 의미하지 않는다는 사실을 인지할 수 있다.

또한 임지혜(2012)는 지역문화 콘텐츠에 대해 '지역개발 전략' 관점과 '지역문화의 콘텐츠화' 관점으로 분류하여 제시한다. 첫째는 지역문화 콘텐츠를 통한 지역개발 전략에 관한 것인데, 지역문화 콘텐츠를 지역의 경제 활성화에 활용하기 위해 시장화하여 새로운 부가가치를 창출할 수 있는 자원으로 간주한다. 이는 곧 지역문화를 산업화하고 이를 위해 문화 콘텐츠 개발을 도모하겠다는 의지로 이해할 수 있다. 이처럼 지역문화 콘텐츠가 지역발전을 위한 수단으로 부각된 것은 기존의 정부 차원에서 주도한 탑다운(top-down), 즉 하향식 지역발전에 대한 반성으로부터 출발했다. 또한 이런 지역문화를 지역개발의 전략으로 삼으려는 관점은 세계화와 동시에 지역화에 따른 책임성 강화가 필요하다는 지자체의 인식에서 비롯한 것이다.

둘째는 지역문화의 콘텐츠화에 대한 관점인데, 여기에서 지역문화 콘텐츠는 한 사회 구성원들의 정신적인 중심 역할을 하면서 사회문화적 정체성의 핵심을 구성하는 것으로 간주된다. 이 관점에서 독특한 마을문화 자료는 문화원형 또는 문화요소 등의 개념으로 이해할 수 있다. 이를테면 역사-문화적 맥락에서 지역주민이 축적한 문화적 흔적과 전통적 가치들을 지역문화 콘텐츠로 현재화한 것이다. 또한 지역문화 콘텐츠화 작업은 지역문화적 특성을 지닌 다양한 문화소재를 학문적 검증을 통해 정보화하는 작업으로 이해할 수 있다. 나아가 지역문화 콘텐츠는 지식기반사회를 이끌어가는 창조성의 소재가 된다. 또한 지역문화 콘텐츠는 사회적 요구에 의해 특정 분야에서 점차 소멸되고 있는 전통문화를 복원하는 작업이기도 하며, 다른 한편으로 마을 정보에 대한 접근성을 향상시켜 더 많은 사람에게 해당 마을을 홍보하기도 한다. 이처럼 지역문화 콘텐츠는 특정 지역단위의 고유한 특성이나 정체성을 표현하는 기제로 간주된다. 위의 임지혜(2012)의 주장을 약술한다면, 마을민속을 지역개발 전략과 지역문화의 콘텐츠화 영역으로 구분하고 이들 각각의 작업이 해당 지역과 지역문화의 특성을 최대한 살릴 수 있다는 것으로 이

해할 수 있다.[5]

그러나 필자는 임지혜(2012)가 주장한 마을민속의 문화산업적 가치에 방점을 두는 제안에 대해 문화산업이 지니는 공감, 기억의 재생 등의 특성을 들어 동의하지 않는다. 마을민속을 문화적으로 객체화하는 것의 본질은 바로 이들이 지닌 가치들을 경제적인 층위로 연결하는 것이 아니라 인간의 감성에 호소하는 장치를 고안해내는 것이라고 본다. 이는 예컨대 마을문화 콘텐츠의 본질이 산업화, 관광화 등 경제활성화에 방향을 두는 것이라는 관점을 부정하는 것이다. 즉 마을민속을 콘텐츠화한다는 것은 마을문화 원형을 발굴하고 이야기를 덧칠하는 행위, 즉 '이야기를 다시 이야기하는 것'과 같다는 논리다. 관건은 바로 대중의 시각에 그 이야기를 향유할 수 있게끔 해주는 것이라고 본다. 이런 맥락에서 마을문화의 스토리텔링 접근이 합당한 이유가 될 수 있다.

이와 같은 마을문화의 스토리텔링에 관한 연구로는 다음과 같은 논문이 있다. 김영순·윤희진(2010)의 「향토문화자원의 스토리텔링 과정에 관한 연구」, 김영순·오세경(2010)의 「지역문화교육을 위한 지명유래 전설의 스토리텔링 사례 연구」, 강민희(2016)의 「경산자인단오제의 스토리텔링 방안 모색」 등이 있다.

여기서 필자가 임지혜(2012)에게 동의하는 점이 있다. 바로 마을문화를 지역문화 콘텐츠의 관점으로 보고, 마을문화 콘텐츠는 마을문화를 콘텐츠화한 것으로 보는 점이다. 이는 마을문화 콘텐츠를 고유한 마을문화의 가치로 확보해야 한다는 주장이다. 나아가 마을문화 콘텐츠가 문화적 경쟁력을 통해 선순환적 지역발전에 기여해야 한다는 점을 강조한다. 아울러 마을문화 콘텐츠의 가치를 결정하는 것은 마을문화의 본유적 문화역량과 가치이므로 그것에 대한 지속적인 조사와 탐구가

5) 임지혜(2012) 주장의 핵심은 지역문화 콘텐츠의 원 소스(One Source) 가치를 결정하는 요인은 지역문화가 지니는 문화적 역량과 가치라는 점이다. 그래서 이를 기반으로 개발된 문화 콘텐츠가 진정한 지역문화 콘텐츠로서 가치를 가지게 된다고 주장한다. 이어 지역문화 콘텐츠를 개발하는 것은 지역과 지역문화를 발전시키는 최선의 방법이라고 볼 수 있다.

필요하고 이런 학문적 활동이 필요하다는 것이다.

이러한 임지혜(2012)의 주장에서 마을민속을 문화 콘텐츠 관점으로 보자는 마을문화 콘텐츠의 필요성과 문화산업의 동기, 마을문화의 콘텐츠화를 통한 해당 마을을 둘러싼 지역 자치단체의 경제 활성화라는 목표에는 동의한다. 그러나 문화산업의 필요성과 경제활성화라는 목표 사이의 방법론의 부재를 지적하고자 한다. 그래서 필자는 마을민속을 문화객체화하는 데 필수적인 방법으로서 스토리텔링을 제안한다.

3) 마을 만들기 관점에서의 마을연구

마을 만들기 관점에서의 접근방법은 마을주민이 일상생활에서 경험한 내용들과 문제들을 주민 스스로 주체적으로 해결해나감으로써 해당 지역의 생활환경을 개선하고 협동으로 지역 공동체 복원을 함께 도모하는 활동이다. 이와 같은 활동들은 과거 우리의 선조들이 마을 공동체를 통해 마을 문제들을 함께 고민하고 협력적으로 해결하던 공동체 의식에 뿌리를 두고 있다. 예를 들면 마을 공동체를 제도화한 향약이나 두레 같은 것을 이르는 공동체 의식은 현대사회에서 상당히 변화되거나 소멸되고 있다.[6] 마을 만들기 사업이 지금까지의 도시계획사업들과는 달리 특별하게 생각되는 이유는 주민 스스로 생활환경을 변화시키는 데 주체적이

---

6) '두레'는 원시적 공동노동체 조직이며 농촌사회의 상호 협력, 감찰을 목적으로 조직된 촌락의 생활자치적 단위다. 우두머리를 '좌상(영좌)'이라 하고, 두레를 표시하는 기(旗)가 있었다. 두레의 참여 인원은 6~10명 정도로 대개 경제적 여건이나 농지 소유 규모가 비슷한 이웃끼리 하는 경우가 많았다. 큰 두레는 마을 전체 주민이 구성원이 되어 조직되기도 했다. 한 마을의 경지 분포상 큰 두레를 만들 수 없는 경우에는 몇 개의 작은 두레를 만들기도 했다. '향약'은 시행 시기나 시행 지역에 따라 다양한 내용을 담고 있다. 그렇지만, 기본적으로 유교적인 미풍양속(美風良俗)을 보급하고, 농민들을 향촌사회에 뿌리내리게 하여 토지로부터 이탈을 막고 공동체적으로 결속시키고자 한 제도다. 그럼으로써 해당 마을 사회의 체제 안정을 도모하려는 목적에서 수행된 것으로 이해할 수 있다.

고 협동적으로 참여한다는 점이다. 그럼으로써 주민 상호 간에 서로를 긍정적으로 신뢰하고 의존하게 되는 이른바 상생의 관계가 형성될 수 있다.

김영 외(2008)는 마을 만들기에 대한 기존 연구들을 분석하면서 마을의 가치가 현대사회에 실현된다는 관점이 중심적이라고 평한다. 이는 우선 마을이란 주민 삶의 터전으로서 그들의 삶의 질과 직접적인 관계를 형성하는 공간이라는 관점과 일맥상통한다. 이것은 주로 도시계획적 관점에서 바라보는 마을 만들기 사업이라고 할 수 있다. 이 관점에 따르면 마을 만들기 사업은 기존 도시를 완전히 허물고 새롭게 설계하고 건설하는 도심 재개발 사업과는 완전히 다른 차원의 사업으로 간주된다. 어떻게 보면 도시 재생사업을 넘어 도시의 정체성 찾기를 위해 마을의 가치를 도시에 이식시키는 작업이다. 따라서 마을 만들기 사업은 해당 도시 주민의 삶의 질, 환경과 주거문화, 지역공동체 문화 형성에 주민 참여를 중시한다. 이 점에서 마을 만들기 사업은 주민 스스로 주민자치체계를 구축하여 도시재생에 주체적으로 참여하는 운동으로 볼 수 있다.

김선직(2009)은 우리나라의 도시계획사업이 주민 삶의 질 향상은 생각하지 않고 정부 주도 혹은 지자체 중심의 관 주도적 하향식 대규모 개발에만 집중되어 오히려 주민의 삶의 터전을 유린하고 삶의 질을 떨어뜨린다고 비판한다. 이는 실제로 해당 지역에서 생활을 영위하고 있는 지역주민의 입장이 반영되지 않았거나 그 지역의 문화적 특성이 충분히 반영되지 않았기 때문이라는 것이다. 마을은 해당 지역에 살고 있는 마을주민이 누구보다 잘 알고 있으므로 지역민의 관점으로 마을 공간을 바라보고 해당 지역의 발전을 위한 논의에 참여하는 것이 필요하다는 주장이다.

또한 도시계획사업과 마을 만들기 사업을 구별해서 설명한 김선직·신창훈(2010)의 연구를 주목할 만하다. 이들에 따르면 도시계획은 도시 전체를 대상으로 하는 하향식 계획을 말하며, 실제로 공청회나 공람 등은 지역주민의 소극적인 참여로 처리된다. 또한 도시계획의 내용적 측면에서 주로 토지활용을 중심으로 한 물리적인 내용 위주로 되어 있다. 그 때문에 주민의 정서적 측면 등의 일상생활을 염두에 두거나 고려할 방법이 없다. 그러나 마을 만들기는 근린공동체 정도의 범위를 대상으로 한 커뮤니티 계획으로 상향식의 적극적인 주민참여를 통해 수행된다. 따라서 마을 만들기는 비전이나 정책을 중요시하며 정서적 · 감성적 차원에서 주민 중심의 생활세계 내용까지 포함하고 있다. 그래서 주민 누구나 쉽게 이해하고 참여할 수 있도록 도시계획의 중심이 마을의 일상생활 영역에 맞춰져 있다는 것도 특징이라고 할 수 있다. 따라서 마을 만들기는 추상적이며 이상적인 정책이나 계획이 아니라 주민공동체가 일상생활의 영역에서 삶의 터전을 만들어나가는 실질적인 시민운동 차원이라고 볼 수 있다(박재묵, 2007).

반면에 또 하나의 관점은 '마을' 개념을 단지 물리적인 공간이 아니라 '주민공동체'로 간주하는 정서적 연대, 생활세계의 차원으로 간주하는 것이다. 좋은 마을 만들기란 물리적인 공간을 개선시키는 것은 물론 '향토민', 즉 마을을 사랑하고 열정적인 마음을 가진 사람들을 만들기 위함이다. 이것은 지자체 차원에서 참여하는 시민을 학습시키는 것으로도, 평생학습자의 차원으로도 이해될 수 있다. 그 마을에 대한 애착과 사랑은 마을주민의 마음속 감정들이다. 이러한 마음을 키우는 것은 기본적으로 해당 지역의 역사와 전통문화로부터 비롯된다. 나아가 그 마을 공간에서 이뤄지는 여러 사람과의 긍정적인 신뢰관계를 통해 형성된다. 그래서 마을 만들기는 새로운 방식의 마을공동체 운동으로 간주할 수 있다(송인하, 2010).

임지혜(2012)는 이상의 논의를 종합해 마을 만들기가 지역사회에 존재하는 다양한 자원을 기반으로 여러 마을 주체들이 연대하고 협력하여 마을환경을 개선시키는 작업이라고 결론짓는다. 나아가 주민공동체 내의 원활한 소통과 적극적인 교류를 수행하는 일련의 지속적인 운동이라고 볼 수 있다. 또한 마을 만들기의 관점에서 '마을문화 콘텐츠'는 해당 마을공동체를 형성시키는 데 일조하며, 현대사회에 적응한 새로운 마을공동체 창조를 위한 필요한 상징적 도구와 통로가 될 수 있다. 이때 마을문화 콘텐츠는 마을구성원들의 적극적인 참여와 공조적인 협력을 이끌어내는 동기유발의 계기가 된다. 이러한 마을문화 콘텐츠를 향유하는 과정에서 지역주민 상호 간 대면적인 관계가 형성되고, 긍정적인 신뢰 형성을 하게 되며, 나아가 해당 마을주민의 삶의 질이 향상된다.

이러한 임지혜(2012)의 주장에서는 구체적인 방법론이 거론되어 있지 않다. 방법론 역시 스토리텔링이 중요한 역할을 한다고 볼 수 있다. 이를테면 마을 만들기 사업을 구상하면서 지역의 이야기를 수집하고 기록하는 일을 우선하고, 이 이야기들을 공간과 연결시키는 작업을 진행하는 것이다. 이를 통해 이야기가 있는 마을, 즉 역사와 전통의 기반으로 한 마을공동체가 구성된다. 마을 만들기에서 그 마을의 지명유래를 비롯하여 마을 태생의 유명 인물, 그리고 그 마을에 전해내려오는 민중의 이야기는 스토리텔링을 만들어내는 원천이다.

3. 감성적 대안으로서 디지털 마을지

마을문화를 "한 특정 마을과 그 마을에서 거주하는 사람들이 창조한 전통성과 역사성을 지닌 일체"로 정의할 수 있다. 마을문화를 새로운 가치의 생산 매개로 활용할 수 있을 경우 이를 '마을문화 콘텐츠'라고 간주할 수 있다. 따라서 마을문화 콘텐츠는 해당 마을이 가지고 있거나 그 마을에 전통으로 축적되고 내재된 활용 가능한 문화자원이며, 그 마을에 거주하고 있는 사람들에게 마을의 추억과 마을 공간에 대한 향수를 불러일으키는 도구라고 할 수 있다.

'도시 공간' 속에 '마을'의 가치를 구현하고자 하는 학문적인 시도와 노력은

위에서 기술한 바와 같이 다양한 연구 분야에서 수행되어왔음을 확인할 수 있다. 특히 디지털 마을지는 현지 마을주민의 추억이 담겨 있고, 그들의 숨결이 느껴지는 다양한 자료를 문화산업적 요구를 바탕으로 현대적 감각에 맞게 배치·구성한 기록물이다. 그럼으로써 해당 마을의 사람 사는 냄새와 향기를 느낄 수 있도록 하는 정서적 기능은 물론 이를 바탕으로 마을 공간을 혁신시키는 데 이바지한다. 디지털 마을지는 기존의 문헌기록적인 마을지를 단순히 인터넷 웹을 기반으로 하는 온라인 공간에 옮겨놓은 것이 아니라 다양한 문서자료인 텍스트들과 이미지 자료들을 활용하여 마을의 다양한 모습과 표정, 그리고 마을주민의 기억을 저장하고 이를 '소환'하는 역할을 한다. 그래서 기존의 마을지가 도서관에서나 볼 수 있는 상당한 볼륨의 중압감이 있는, 한자 세대의 접근이 제한된 대중으로부터 격리된 마을지라면, 최근의 디지털 마을지는 더 많은 사람이 공감할 수 있도록 감성적으로 구성되어 있다는 특징을 지닌다. 또한 마을에 관심을 가진 사람이라면 누구나 쉽게 접근할 수 있으며, 누구나 이해할 수 있는 대중성이라는 특징과 마을주민이 직접 댓글을 달고 콘텐츠를 수정·보완할 수 있는 쌍방향적 특성을 지니기도 한다. 또한 다양한 텍스트와 사진, 동영상 등 시청각 자료를 활용하여 이해하기 쉬운 읽기 구조를 가지고 있고, 하이퍼텍스트 형태로 구성되어 연관된 항목들과의 유기적인 연결이 가능하다. 이런 이유로 텍스트를 기반으로 하는 사전식 나열방식보다 자료로서 학문적·문화산업적 활용범위가 넓다(김현 외, 2009: 249).

위에서 이야기한 마을문화 콘텐츠들의 특성을 정리하면, 접근의 용이성, 대중지향적 콘텐츠, 수정·보완이 가능한 열린 텍스트로서의 쌍방향성, 항목들의 유기적 연관성을 통한 문화산업적·학문적 자료로서의 가치 등이다. 무엇보다 마을문화 콘텐츠의 중요성은 이런 특성을 기반으로 해당 마을주민의 정서적 연대에 기여하고, 나아가 '마을의 정치'에 주민이 적극 참여하는 시민 교육에 공헌한다는 측면이다.

최근에는 도시개발사업의 일환으로 신도시를 건설하기 전에 기존 마을의 다양한 자료를 수집·정리하여 기존 마을의 모습을 보존하고 재생시키려는 작업이 이뤄지고 있다. 즉 해당 마을의 자연경관, 문화재, 유적, 주민의 생활상, 인터뷰 등을 담은 사진과 영상물 등을 온라인상에 게시하는 새로운 형태의 마을지(이를 대개 '사이버 향토문화관'이라고 함)가 나타났다. 이는 신도시 개발사업으로 해당 마을의 기억을 잃은 마을 원주민에게 정서적인 보상을 제공하는 수단으로 강구되기도 했다. 이런 사이버 향토문화관들은 마을주민이 기록물을 보면서 사라진 고향 공간에 대한 향수를 달래는 도구가 되기를 기대하는 것이다. 또한 이런 계획에 따라 신도시보다 작은 개념인 중소형 주거단지를 건립함에도, 기존 마을 공간을 변화시키거나 소멸시킬 때도 기능과 효율을 넘어서는 특정한 '사람 냄새 나는' 이야기를 필요로하고 있다. 이는 주거단지 스토리텔링이라는 이름으로 '마을'이 가지고 있던 기존의 특성들과 마을의 이야기들을 현대의 주거공간에 문화적으로 이식하고자 하는

〈그림 1-3〉
전주완주
사이버고향전시관

〈그림 1-4〉
경북김천
사이버고향전시관

시도라고 볼 수 있다. 이를테면 다음 〈그림 1-3〉의 전주완주 사이버고향전시관과 〈그림 1-4〉의 경북김천 사이버고향전시관이 바로 디지털 마을지 형태라고 볼 수 있다.

　기존의 마을지는 마을의 이야기들과 마을주민의 기억을 인쇄매체에 기록함으로써 생활공동체의 전통문화를 전승하는 역할을 했다. '디지털 마을지'는 기존의 마을지 형식에 사진·동영상 등의 멀티미디어 자료를 함께 제시하고 마을지도, 마을연표 등의 다양한 자료를 부가하여 마을문화 콘텐츠로 제작하는 것이다. 그럼으로써 해당 마을 사람들뿐만 아니라 각 지역의 특색 있는 마을의 모습들을 일반 대중에게 소개하는 개방형 디지털콘텐츠다. 여기에서 우리가 알고 있는 기존의 마을지가 마을 전통을 기록하여 보조하는 현대적 수용이라면, 디지털 마을지는 기존 마을지의 진화된 형태를 띠는 마을지의 현대적 변용인 셈이다. 디지털 마을지는 마을지의 대중화라는 측면에서 마을주민이 참여하고 그 마을의 문화를 재창조한다는 측면에서 중요한 의미를 지닌다. 이와 더불어 해당 마을 지역의 정체성을 구현한 웹 기반 대중문화 콘텐츠로서 많은 사람과 함께 마을문화의 가치를 공유하는 데 일조한다. 더 나아가 변화한 마을 공간에서 마을의 정주민과 새로이 이주한 이주민 간의 유대를 공고히 하는 연대적 가치를 만드는 데 기여한다. 이처럼 마을은 현대 도시의 결핍된 의미공간에 대한 대안공간으로서 다시금 주목받고 있다.

간디(Gandhi, 2006)는 마을이 도시에 의해 지배당하고 마을문화가 도시에 의해 고갈되는 탓에 마을이 붕괴된다고 경고했다. 하지만 마을은 아직 사라지지 않고 진보되거나 현대적으로 변용되고 있다. 이때 디지털 마을지는 기존 마을지에 비해 주민의 접근이 유리하고 마을 정치에 참여하는 동기를 제공한다는 점에서 마을 가치의 현대적 변용에 기여한 대표적인 사례다. 또한 디지털 마을지는 도시와 마을의 경계에서 과거와 현재, 전통과 미래를 잇는 교량적 역할을 수행하고 있다. 이와 같이 마을문화 자료들의 디지털화 작업은 근래에 많이 시도되고 있으나, 실제로 디지털 마을지의 제작 절차에 대한 체계적인 연구는 부족한 실정이라고 볼 수 있다. 최근 들어 문화산업 측면에서 디지털 자료의 활용 가능성이 큰 것을 예상한다면, 디지털 마을지는 특히 한국 마을의 바람직한 이해를 위한 자료로 향후 미래사회의 우리에게 필요한 사회적 자산임이 명백하다. 이런 점을 고려했을 때 디지털 마을지를 어떻게 제작해야 하는지 등의 제작 절차 및 교육적·문화적 활용에 대해 좀 더 많은 연구가 필요하다고 본다.

근래 한국사회는 단군 이래 고도의 도시화, 급격한 산업화와 정보화가 진행되고 있다. 이런 과정에서 도시계획이 우후죽순으로 진행되었으며, 수많은 신도시가 건설됨에 따라 마을 자체는 물론 마을의 전통적인 생활공동체 문화가 점차적으로 사라지고 있는 추세다. 이러한 맥락에서 '디지털 마을지'는 도시계획에 의해 신도시가 건설되기 전 전통마을 공동체의 경험과 기억을 보존하고 전승하는 데 기여해야 한다. 물론 도시계획의 초기 단계부터 반드시 마을 조사를 통한 마을의 문화 원형 보존을 위한 각종 자료수집, 인류학적·민족학적 조사 작업을 진행하는 내용이 포함되어야 한다.

현대사회는 디지털미디어가 개인과 개인, 개인과 집단, 집단과 집단 사이를 잇는 정서적 매개로 대두되었다. 이런 다양한 관계의 조합에서 콘텐츠의 교환과 향유가 이뤄지는데, 이를 통해 같은 마을 공간 내, 그 마을공간과 다른 마을공간의 구성원들은 공유된 경험을 갖게 된다. 이러한 경험은 이른바 '매개된 사회적 경험'으로 전환된다. 즉 디지털 마을지는 신도시로 새롭게 유입되는 신규 이주민과 기존 향토주민 사이의 정서적 '틈', 지연적·혈연적 괴리감을 줄일 수 있다. 또한 이주민이 신도시 이전 기존 마을의 경험들을 디지털 마을지를 통해 이해하고 공유함으로써 자연스럽게 공간적·감성적 차이를 극복할 수 있는 대안이 될 수 있다.

2장.
마을문화 콘텐츠의 스토리텔링 설계

1. 연구방법 개요

이 책은 필자가 수행한 인천 검단지역의 마을 문화기술지 연구 결과물인 '인천 검단 마을지'의 내용 일부인 검단 사람들의 이야기를 대중적인 저술 형태로 꾸민 것이다. 따라서 이 책의 바탕이 되는 연구방법은 인류학·민족학에서 활용하는 현지조사를 통해 자료를 수집하는 이른바 질적 연구다. 특히 이 책은 마을지 제작을 위해 주로 채택하는 질적 연구방법 중 하나인 문화기술지(ethnography)를 포함하여 자료수집을 위한 포토텔링 방법을 사용했으며, 가추법적 사유를 적용했다.

이 책에서 사용하는 상기 문화기술지는 질적 연구방법의 일종이며, 가추법적 사유는 질적 연구를 하는 데 기반이 되는 논리를 제공하고, 포토텔링은 질적 연구를 수행하는 자료수집에 용이한 방법이다. 따라서 질적 연구에 대해 우선적으로 살펴볼 것이다. 질적 연구는 사물이나 현상의 성질을 '있는 그대로' 관찰하고 파악하고자 하는 방법론적 특성을 갖는다. 또한 질적 연구는 사물이나 현상을 있는 그대로의 논리와 구조 속에서 이해하고자 하며, 외부 세계에서가 아니라 내부적으로 들어가 장기간의 참여관찰을 통해 파악하고자 한다. 또한 질적 연구는 관점, 과정, 참여 등에 주목하는 동시에 '체험'을 중요시한다(조용환, 1998). 이러한 점에서 질적 연구자는 자신이 지닌 관점을 일단 유보한 채 현상이나 사건의 세계 속으로 들어가 그 세계가 지닌 언어 코드를 파악한다.

이런 연유로 질적 연구자들은 어떤 현지에서 특정 사회문화 현상을 파악하기 위해 참여관찰을 행한다. 이때 자신이 지닌 관점 혹은 선입견 등에서 거리를 두고 내부자적 시선과 내부적 사고를 통해 사회문화 현상 파악에 주력한다. 질적 연구자들이 궁극적으로 알아내고자 하는 것은 비로 '내부자들'이 세상을 살아가면서 동원하는 그들의 이론이다. 따라서 그들은 사람들이 가지고 있는 이론을 읽어내고, 더 나아가 그 이론을 다른 사람들이 이해할 수 있도록 기술하고자 한다. 이러한 기술 작업에는 이론뿐만 아니라 그 이론을 알기 쉽게 설명할 수 있도록 생활방식을 재구성하는 작업도 포함된다. 질적 연구자들은 내부자들의 이론을 이해하기 위해 가능한 한 자신이 주장하고자 하는 이론을 괄호로 묶지만, 그 이론을 확대하고 심화시키기 위해 자신의 이론을 적극적으로 현상에 투입시킬 수도 있다. 즉 질적 연구자들은 내부자들의 이론과 연구자의 이론 융합을 시도하고, 연구결과를 학문적인 논의가 가능하도록 기술하면서 다른 연구자들과의 대화와 논의를 시도하고자 한다(윤여각, 1998. 12). 이러한 과정이 연구자들 중심으로 결성된 학회 혹은 그 학회에서 수행하는 다양한 학술행사로서 학술대회, 세미나, 콘퍼런스 등에서 나타나며 이런 학술행사들이 연구자들의 이론적 공론 장을 형성해준다.

1) 현지조사 방법으로서의 문화기술지

내부자의 관점에서 문화현상을 파악하기 위해 질적 연구자들은 그 구체적인 전략으로서 참여관찰을 포함하는 문화기술지를 도입했다. 특히 인류학적 맥락에서 생겨난 '문화기술'라는 용어는 문자 그대로 어떤 상호작용을 하는 인간집단의 문화와 행위를 기술하고 분석하는 임무를 띤다. 이 문화기술지는 다양한 사회적 현실과 문화현상에 대한 연구를 해나가는 연구방법이다. 문화기술지 연구란 문화공유집단을 연구지 혹은 연구대상으로 삼고자 할 때 선택하는 연구로서 문화적 또는 사회적 집단이나 체계에 대한 기술과 해석을 의미한다(Creswell, 2003). 또한 이 연구는 종종 외부인에게는 잘 보이지 않는 상황의 내적 역동성을 조명하는 특성이 있으며(Bogdan & Biklen, 1991), 문화적 만남을 통해 특정 사회집단의 문화를 해석하고 번역하는 과정으로 볼 수 있다(윤택림, 2004).

이러한 문화기술지 연구는 문화공유 집단이나 개인에 대한 자세한 기술, 주제 또는 관점들을 기반으로 한 문화공유 집단 분석에 유용하며, 사회적 상호작용의 의미, 인간의 사회생활에 대한 일반화에 관심을 지닌다(Wolcott, 1994). 또한 존재하는 사건과 현상에 '어떻게', '왜'라는 질문을 던지며 이들의 특성을 만들어주는 주요소들 간의 상호작용을 발견하고, 맥락 안에서 상호작용의 의미를 찾을 수 있어야 한다(유혜령, 1998). 특히 문화기술지는 연구자가 연구 수행 상황이나 사건, 사람들 전체에 잠재적으로 반응하기 때문에 간과하기 쉬운 것들에 집중하는 특징이 있다(Peshikin, 1988). 문화기술지 연구에서 연구자는 특정 사회집단의 일상생활에 대한 장기간의 참여관찰과 집단 구성원들과의 심층적인 면담을 통해 연구를 수행한다(Creswell, 2003). 또한 이 글의 연구 참여자인 인천시 검단 일대 주민이 느끼는 체험적 의미의 심층적인 내용을 파악하고 공감하는 데 관심을 둔다. 이를 위해서는 연구 참여자에 관한 장기간의 개방적인 내부자적 관찰이나 면담뿐만 아니라 연구 참여자에 관련된 다양한 일상생활 자료, 대화 및 발화 내용 등 가능한 한 다양한 정보를 수집했다.

　이 책의 기반이 되는 검단 마을 문화기술지 연구는 필자의 연구팀에 의해 주도적으로 수행되었다. 연구팀은 인천시 서구 검단 일대에 거주하는 주민 중 3대 이상 검단 지역에 거주한 65세 이상의 노인분들과 향토학자, 지역사회 전문가들을 일상적으로 만나고 교류를 나눔으로써 문화기술지 연구를 진행했다. 특히 연구자 대부분이 검단 지역 거주자로서 주민의 생활 속으로 들어가 내부자로 머물면서 이들과 많은 시간을 함께 보내며 검단의 이야기, 검단 사람들의 삶과 과거를 탐색하고 이들의 이야기에서 의미를 심층적으로 이해하고자 했다. 이를 위해 검단 사람들을 대상으로 참여관찰을 수행했다. 참여관찰을 하는 동안 연구자에게는 자연스러운 일상생활의 맥락에서 일어나는 사건이나 행동을 가능한 한 '있는 그대로' 보는 것이 요구된다. 그리고 드러난 사건이나 행동의 의미는 사회적 맥락과 함께 관찰될 때 암묵적 의미를 지닐 수 있으므로 현장에서 사실만을 관찰할 필요가 있다. 또한 참여관찰을 통해 좀 더 알아보고 싶은 예상 제보자들을 연구 참여자로 삼아 심층면담도 수행한다.

　심층면담은 면대면(face-to-face) 접촉을 통해 직접 자료를 수집하는 것을 의미한다. 심층면담은 연구자가 연구에 참여하고 있는 일단의 대상자, 즉 연구 참여자들에 관한 정보나 의견, 신념을 묻고, 연구 참여자들이 자신의 관점을 표현하도록 유도하는 목적을 지닌 의사교환이다(Bogdan & Biklen, 2003). 따라서 심층면담은 연구자가 연구 참여자의 내적 세계를 적극적으로 이해하는 연구도구인 셈이다. 또한 발견하기 어려운 과거의 사건들이나 기억들을 연구 참여자들로부터 발견해내기 위해 사용할 수 있는 효과적인 연구방법이다. 이런 심층면담을 통해 연구자는 연구 참여자 주변 세계의 사람, 과거 또는 현재의 사건들, 그리고 사회문화적 상황들에 대한 감정, 생각, 의도 그리고 해석에 대해 들을 수 있다(홍용희, 1998).

이상에서 살펴본 바와 같이 본 연구는 문화기술지 연구를 통해 인천광역시 서구 검단 지역의 마을주민이 어떻게 검단의 향토문화를 의미화하고 이를 생활세계 속에서 어떻게 수용하고 있는지를 파악하고자 한다. 다른 한편 검단의 지역적·문화적 환경에 대한 특징을 있는 그대로 드러냄으로써 검단 지역 마을들의 문화적 정체성 이해를 도모하고, 궁극적으로는 검단이라는 지역 공간의 장소화·기억화, 문화를 재생산화하고자 하는 스토리텔링을 실현하고자 한다.

2) 자료수집 및 처리방법으로서의 포토텔링

검단의 마을지 연구에서 나온 문화 자료들을 수집하고 정리하는 과정에서 '포토텔링'이라는 방법을 활용했다. 포토텔링이란 말 그대로 사진을 의미하는 영문 '포토(photo)'와 '이야기하기(telling)'를 합성한 용어다. 검단 마을지 연구자들은 대개 60세 이상의 고령층 연구 참여자들이므로 정확한 기억의 재생이 매우 중요한 문제다. 이를 해결하기 위해 포토텔링 기법을 도입했다. 포토텔링은 스토리텔링의 확장된 형태라고 이해할 수 있다.

최근의 스토리텔링은 전통적인 내러티브적 형태를 띠는 것이 아니라, Salmon(2008)에 따르면 소위 '스토리텔링의 승리'라는 구호 아래 스토리텔링을 "이야기를 만들어 정신을 포맷시키는 장치"로 간주한다. 특히 경제와 정치제도의 차원에서 스토리텔링의 기능을 비판적으로 지적하고 있다. 이를테면 스토리텔링은 기업 혹은 어떤 이익단체가 내놓으려는 특정 상품의 생산 및 가공, 유통을 가능케 하는 생산기법으로서 '스토리텔링 경영', 또는 판매기법으로서 '내러티브 마케팅'으로 활용된다. 따라서 스토리텔링은 참여의 총체적 위기와 개인의 지속적 동원의 필요성에 부합함을 목적으로 하는 행동양식이자 통제장치를 가리킨다. 다시 말해 스토리텔링은 조직의 체계와 계획을 개인의 행동으로 변환시키고자 조직에 개입하는 감각의 조직 방식이다. 둘째, 법-정치적 층위에서 스토리텔링은 개인의 행동을 결정하고 프로파일링을 통해 개인을 조직의 목적에 순응케 한다. 다시 말해 개인의 이야기를 프로파일링하여 그에 대비할 수 있는 서사권력을 행사한다. 아울러 스토리텔링은 대중을 선동함에 있어 개인감정을 동기화하는 데 활용된다.

이러한 스토리텔링은 지극히 정치적이다. 가장 탈정치화되어야 할 개인 내 러티브의 구체화인 스토리텔링이 마케팅의 강력한 도구 혹은 정치적 목적으로 활용되는 것은 이른바 이중적 위상을 갖는다. 즉, 스토리텔링은 기억을 조직하는 인간 해방의 도구 혹은 Salmon(2008)의 주장대로 "이야기를 만들어 정신을 포맷시키는 장치"로 전락한다. 그러나 이 책에서 스토리텔링은 이야기를 다시 이야기함으로서 기억을 소환시키는 방법으로 정의하고자 한다. 그래서 사진이 바로 이야기를 소환시키는 가장 적극적인 매체이며, 사진 속에 투영된 사건들은 인간들의 기억을 재생시키는 기능을 한다.

이 글에서 사용하고 있는 포토텔링은 자기가 찍은 사진 중 의미 있는 것을 뽑아서 기억을 회상하고 이야기하는 방법이다. 자신이 선택한 것, 즉 사진을 찍는 행위와 사진을 고르는 행위가 유사하며, 선정된 사진에 대해 설명하는 것은 기억의 재생에 기여할 것이다. 그러므로 포토텔링은 인터뷰 단계에서 연구 참여자가 경험한 사건이나 사실이 담긴 사진을 보면서 기억을 재생하며, 연구 참여자의 내러티브를 끄집어내는 데 유용한 자료수집 방법이다. 연구 참여자가 활용한 포토텔링의 예시는 다음 〈그림 2-1〉에서 확인할 수 있다.

〈그림 2-1〉에서 연구 참여자들은 사진 속에 담긴 시간과 기억을 이야기함으로써 자신들의 경험을 드러내고자 한다. 사진은 사라지는 것들에 대한 아쉬움과 기록에 관계하는 매체다. 사진은 과거를 기록하며 과거를 이야기한다. 과거의 이야기는 하나의 역사이므로 사진은 개인의 이야기를 기록하면서 각 개인으로 구성

〈그림 2-1〉 포토텔링의 예시

광명 마을회관이 건립되기 전의 모습이다. 광명마을은
새마을 시범부락으로 선정되어 도로포장사업, 광명교
(다리) 재설치 등 여러 가지 지역사회 활동을 하게
된다. 사진 속 마을 사람들이 분주해 보인다.

된 집단의 역사를 말한다. 동시에 사진은 집단의 기억에 의존하며 개인의 과거사
를 되짚어낸다. 그렇기 때문에 사진에 관해 이야기하는 사람들은 경험과 기억에
대해 이야기하고, 시간에 관해 말하고, 역사를 거론한다. 시간과 기억과 역사를 이
야기하지 않고서는 사진에 대해 논할 수 없는 것처럼 말이다. 이를테면 졸업앨범
에 담긴 추억이나 일생의 기념비적인 사건 등은 사진을 통해 사람들이 풀어놓을
수 있는 '이야기보따리'의 원천이다.

일반적으로 사진에는 시간이 내포되어 있기 때문에 사진은 역사를 이야기하
고 특정한 순간을 공간적으로 표현하는 매체라고 할 수 있다(주형일, 2003). 하지만
사진이 그 자체로서 어떤 이야기를 담은 역사라고 할 수는 없다. 사진을 통해 우리
인간이 역사와 관계를 맺는 것은 감상자가 사진 속의 시간 흐름 속에 존재하는 '우
연'이라 할 수 있는 사건을 기록하고, 그 사건의 기억들을 투영해보면서 가능해진
다. 따라서 사진이 갖는 장점은 단순하게 현실의 일상적 대상을 포착하는 차원을
뛰어넘어 인간의 현실과 정체성을 담는 것이라 할 수 있다. 이처럼 사진은 현실의
대상을 단순하게 정지시키는 기능에서 탈피하여 새로운 시대의식을 반영한다. 그
럼으로써 세계를 바라보는 다양한 방법을 제시할 수 있다. 사진은 개인의 삶과 추
억은 물론 시대의식을 담고 있어서 일상생활과 밀접한 생활양식으로 등장했다.

기록으로서의 사진이 지닌 가치는 시간의 흐름에 따라 자연스럽고 당연하게 그 시대를 추억할 수 있는 시공간적 가치로 이어지며 기록된 역사로 존재한다. 사진은 특정 시간과 장소에서 발생한 사건을 지시하는 기억의 저장소다. 이러한 사진의 특성을 활용한 포토텔링은 사진 속에 존재하는 장면을 일깨울 수 있는 계기를 제공해주어 시간과 기억 그리고 공간이라는 보편화한 주제로 이끌어가는 것이라 할 수 있다. 또한, 사진은 일정한 방향성으로 흥미롭게 만들어주는 동시에 시간이 축적됨에 따라 기억의 왜곡으로 정확도가 떨어지는 인간 기억을 연장해주는 특성이 있다. 그뿐만 아니라 사진은 연구 참여자들의 거주공간 속에 존재하는 가치관, 윤리관, 자연관, 세계관 등을 담고 있다.

최근 들어 내러티브 매체로서 사진이 활용되는 경향이 있다. 특히 이 책에서는 이를 '포토텔링 연구방법'이라고 칭한다. 포토텔링은 사진이 지니는 객관성과 서술성, 그리고 누구나 쉽게 알아볼 수 있는 시각적 전달매체라는 대중성을 담보해준다. 그럼으로써 연구자가 목표로 하는 연구 참여자의 내러티브를 개괄하고, 연구자와 연구 참여자 간 커뮤니케이션에 효과적으로 작용하여 연구수행의 성공적인 결말짓기에 유용하다(박봉수, 2016).

포토텔링 기법을 활용하여 수행하는 자료수집은 주로 질적 연구에 응용되며, 사진이 주는 과거의 특정한 시간과 장소 그리고 사건을 배경으로 한 뚜렷한 사실로 인지하는 것에서 머무는 것이 아니라 사진을 보고 '다시 이야기'함으로써 인간에게 역사와 세계를 바라보는 새로운 인식의 창을 제공한다(박봉수·김영순, 2016). 예를 들어 어떤 한 개인의 삶은 1차적 사회화 기관이라고 할 수 있는 가족집단을 비롯한 이웃과 마을 그리고 사회를 넘어 국가와의 상호작용 속에서 작동한다. 이와 같은 특성으로 인해 개인적 생애의 기억은 그를 둘러싼 맥락이라고 할 수 있는 사회적 관계와 공적 가치를 포함할 수밖에 없다. 우리는 사진을 통해 주인공의 가족관계를 비롯하여 가족구성원 상호 간의 관계, 주인공의 사회적 관계와 사진 속에 등장하는 인물들이 주인공과 어떤 관계에 있는지, 그리고 이들 간의 권력과 갈등이 어떻게 작동하는지에 관한 메커니즘까지 드러난다. 따라서 포토텔링을 활용한 연구는 새로운 시각이나 사회적 이슈에 대한 확장과 개인적 내러티브를 확장할 수 있다.

특히 연구 참여자들이 보관하고 있는 오래된 사진은 이미지의 보존이라는 관점을 넘어 시간성이 더해져 최근에 찍은 사진과는 다른 독특한 깊이의 내러티브를 함축하고 있다. 이런 이유로 사진 속 주인공은 지나간 시간에 대한 노스텔지어를 갖게 된다. 사진은 시간의 흐름을 반영한 내러티브를 정지시켜 한 장의 정지영상으로 표출된다. 사진 이미지는 정지된 상태이지만, 사진 속의 등장인물들은 사진 밖의 관객에게 지속적으로 대화를 시도한다. 그럼으로써 사진이 제시하는 과거의 시간에서 연구 참여자가 이야기하는 현재의 시간으로 우리의 시선을 끌어당긴다. 그러므로 포토텔링은 기억의 재생에 제한이 있는 검단의 연구 참여자들에게 과거의 기억이 현재화되는 강력한 도구다.

3) 가추법적 사유

이 저술을 위한 검단 마을지 연구에서 마을문화 자료를 토대로 스토리텔링하는 과정에서는 가추법적 사유가 기반이 된다. 가추법이란 정황들을 찾아 사건을 재구성하는 논리 전개 방법이다. 가추법을 설명하기 위해서는 우선 일반적으로 논리를 전개할 때 많이 활용하는 연역법과 귀납법에 관한 설명이 필요하다. 연역법과 귀납법은 플라톤과 아리스토텔레스의 사유하는 방법에서 비롯되었다. 플라톤은 개념적인 사유를 통해 세계를 해석하려고 했다. 반면에 아리스토텔레스는 현실을 비탕으로 세계를 해석하고자 했다.

플라톤은 현실을 사물의 실체가 아니라 사물의 그림자라고 했다. 즉, 현상 세계는 실체가 아니라 그 실체의 반영이라는 것이다. 이에 반해 아리스토텔레스는 세계란 개념으로만 해석되는 것이 아니라 현상과 관련된 경험을 통해 해석된다고 했다. 사람들은 플라톤적 사유방식을 '연역법'이라 하고, 아리스토텔레스적 사유방식을 '귀납법'이라 했다.

플라톤적 사유논리인 연역법의 예는 "모든 사람은 죽는다 → 아무개는 사람이다 → 아무개는 죽는다" 식으로 전개한다. 또한 아리스토텔레스적 사유논리인 귀납법은 사례들의 모음(호랑이 1은 사납고 용맹하다. 호랑이 2는 사납고 용맹하다. 호랑이 3은 사납고 용맹하다, 호랑이 4는 사납고 용맹하다……)을 통해 "호랑이는 사납고 용맹하다"라는 논리를 펼친다. 연역적 사유의 전개는 어떤 명제의 참과 거짓을 분명히 판단할 수 있지만, 새로운 사실을 탐구해내는 데 한계가 있다. 이에 반해 귀납적 사유는 관찰한 여러 사례를 모아 일반화할 수 있는 어떤 법칙을 찾아낼 수 있다. 현상과 경험 속에서 관찰한 자료를 바탕으로 규칙성을 도출해내는 귀납적 사유는 일반적으로 연역적 사유보다 과학적이라고 생각한다. 하지만 이 방식에 모든 인과관계가 명확하다고 할 수는 없다고 본다. 인과관계는 시간적 전후에만 그치는 것이 아니라 원인과 결과를 분명하게 연결시켜주는 인과적 메커니즘이 있어야 한다. 즉, 원인과 결과를 연결하는 과정에 대한 설명이 필요하다.

이를 해결하기 위해 근래에 자주 거론되는 사유방식이 하나 있는데, 그것이 바로 '가추법'이다. 가추법은 보이는 현상을 있는 그대로 관찰하면서 단서가 될 만한 것들을 탐구해서 가설을 도출해내는 논리적 사고기법이다. 이러한 가추법적 사유는 인류학자 및 민족학자들이 '문화기술지' 작성을 위한 현지조사 연구에 주로 사용하는 방법이다. 아마도 이 가추법은 수렵시대부터 현재에 이르기까지 인간이 사유하는 가장 주된 방법이었을 것이다. 원시 수렵 시대의 사람들은 숲에서 동물의 배설물이나 발자국, 부러진 나뭇가지 등을 보고 어떤 동물이 어느 방향으로 지나갔는지, 그리고 지금은 어디쯤 가고 있을 것이라고 판단하여 사냥을 했다. 이와 같이 가상적으로 추리하는 사유방식을 '가추법'이라고 볼 수 있다. 이러한 방법이 가장 많이 사용되는 곳은 바로 경찰에 의한 범죄수사의 영역이다. 범인이라고 추정하는 사람이 남긴 지문, 범행에 사용한 도구, 범행현장의 상태, 범죄 관련 사실과 주변의 관련성 등을 수집하고, 이를 바탕으로 범죄 구성 및 범죄 과정을 추리하여 용의자를 찾아내는 방식이다. 이를테면 움베르토 에코의 『장미의 정원』 기술방식이 그러하고, 아서 코난 도일의 추리소설 주인공인 셜록 홈스의 수사방법, 아가사 크리스티의 추리소설 기법 등이 모두 가추법에 의한 사유방식으로 기술되었다.

가추법은 연구자가 관찰한 현상들을 통해 어떤 새로운 가설을 만들어내는 역동성을 지닌다. 연역법과 귀납법도 가설을 설정하거나 검증 과정을 거치는 등의 방법을 활용하지만, 그것들은 기존의 정보를 소비하는 측면이 강하다. 이 두 방식은 기존의 이론 또는 개념을 전제로 하거나 이미 답이 정해져 있는 문제에 대해 문제를 제기하고 답을 구하는 방식이다. 이와 달리 가추법은 기존의 정보에 대해 지속적으로 물음을 던지고 새롭고 창의적인 가설과 추리를 보태서 새로운 지식을 만들어낸다. 가추법의 단점은 확실성이 결여되어 있다는 점이다. 그럼에도 가추법은 먼저 현상을 관찰하고 그 현상을 근거로 가설을 설정하여 그 가설을 추적하면서 새로운 사실을 발견하고자 한다. 더욱이 가추법은 이를 넘어서 문제해결의 구체적인 방안을 도출해내는 데도 기여한다. 가추법은 확실성이 부족하지만 풍성한 새로운 지식을 도출하는 데 유용한 기여를 한다. 이런 측면에서 본 연구는 가추법을 통해 검단 지역의 주민으로부터 수집한 이야기들을 활용한 마을문화 콘텐츠의 스토리텔링을 제안한다. 아울러 이 책은 검단 마을지의 연구결과를 뒷받침해서 검단 주민의 '이야기를 실제로 다시 이야기한 것'이다.

2. 연구대상 지역으로서의 검단

1) 연구의 필요성과 목적

앞의 1장에서 우리는 마을이 '향토사회'에 기초를 둔 공동체적 삶의 터전이라고 밝혔다. 마을은 거주민의 경험을 담은 공간이자 거주민과의 상호작용을 통해 그들의 자아 형성에 영향을 미치는 정서적인 장소다. 마을지는 이러한 마을의 이야기를 통해 전통적인 생활공동체 문화를 전승하는 기록 매체다. 특히 마을지를 디지털 환경에 구현한 '디지털 마을지'는 사진·동영상 등의 멀티미디어 자료와 함께 마을의 이야기를 일반 대중에게 소개하는 디지털 콘텐츠다. 디지털 마을지는 마을지의 대중화는 물론 지역의 정체성을 구현한 대중문화 콘텐츠로 간주될 수 있다. 그럼으로써 인터넷에 접속하는 많은 사람과 함께 마을문화의 가치를 공유하는데 일조하고 있다.

급속한 도시화와 신도시 개발로 인해 마을의 전통적인 생활공동체 문화가 빠른 속도로 사라지고 있는 한국의 상황에서 '디지털 마을지'는 신도시가 건설되기 전 전통마을 공동체의 경험과 기억을 보존하고 전승하는 역할을 담당하고 있다. 또한 디지털 마을지는 신도시에 유입되는 이주민과 기존 정주민의 정서적 '틈'을 신도시 이전에 존재한 마을의 경험을 공유함으로써 자연스럽게 극복할 수 있는 감성적인 대안으로 주목받고 있다.

이 책은 인천광역시 검단 지역의 현지조사에서 나온 자료들을 엮은 것이다. 그렇다면 왜 필자의 연구팀은 인천 검단을 연구했을까? 연구의 목적은 복잡하지 않다. 한마디로 사라지는 마을의 이야기들을 '마을문화 콘텐츠화'하기 위한 작업이며, 구체적으로는 검단 주민의 삶과 검단 지역의 향토문화를 다양한 콘텐츠로 제작하여 사이버고향전시관의 콘텐츠로 제공하는 것이다. 이러한 마을 콘텐츠들은 주민이 애착을 갖고 고향의 정취를 느낄 수 있는 감성 콘텐츠로 구축되어 토지 수용으로 고향을 떠난 주민의 그리움과 향수를 치유하는 데 도움을 줄 것이다. 그뿐만 아니라 구마을과 신도시 간의 문화적 단절을 해소하여 미래 문화적 기반을 형성할 문화감성 콘텐츠로 발돋움하게 될 것이다.

이러한 마을지 조사를 하는 과정에서 얻은 마을문화 자료들과 연구자들의 해석과 의견들은 인천 검단지구 완공 이후 영원히 사장될 뻔한 인천 검단 지역의 역사문화를 조사·기록한 자료로서 지역문화의 정체성을 확립시켜주고 지역의 역사와 문화를 보존하는 데 활용되는 데이터 아카이브 시스템의 역할을 담당할 것으로 보인다. 즉, 이 연구는 기능 중심의 도시 공간에 전통마을의 생활공동체 양식, 관계 중심의 공간의 가치를 재현하는 데 기여하게 될 것이다. 다음 〈그림 2-2〉는 이 책을 집필한 계기가 된 인천 검단 마을지 연구의 목적 체계도다.

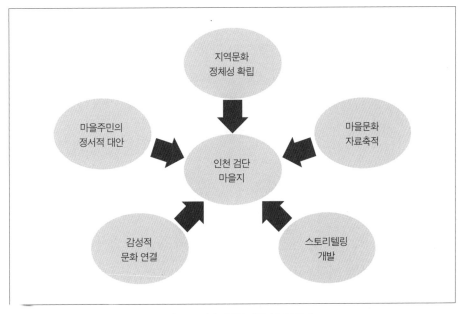

〈그림 2-2〉 검단 마을지 연구의 목적 체계

〈그림 2-2〉에서 우리는 마을지 작성 및 디지털 마을지 제작의 동기와 목적에 대해 이미 기술한 바 있다. 마을문화의 콘텐츠화는 마을문화의 자원화를 의미하며, 이는 신도시 계획으로 인한 급격한 사회변동에 대해 마을 자체와 마을 구성원들의 문화지체 현상을 최소화해주는 정서적 대안이 될 수 있다는 점, 기존의 정주민과 신도시로 유입된 새로운 이주민 간의 감성적 문화 연결과 아울러 지역문화 정체성 확립을 통한 사회통합의 가능성을 열어놓고 있다. 이를 위해 마을문화 자료들을 체계적으로 축적하고 이를 스토리텔링으로 개발하는 것은 매우 중요한 작업이다.

2) 연구 범위 및 연구 내용

(1) 연구의 범위

이 책의 주된 내용이 되는 인천 검단 마을지 조사의 연구 범위는 시간적, 지역 및 공간적으로 구분할 수 있다. 시간적 범위는 2009년 2월 1일부터 2010년 4월 30일까지 14개월간이며, 공간적 범위는 인천광역시 서구 당하동 · 대곡 · 마전 · 불로 · 원당동 일대 21개의 자연부락이다. 연구의 공간적 범위에 대한 개요는 다음 〈그림 2-3〉과 같다.

인천광역시 서구 검단 지역은 원래 경기도 김포군에 속한 지역이었다. 그런데 정부의 광역시 선정에 따른 지역자치단체 확장과 맞물려 1995년 인천광역시 서구로 편제되었다. 연구의 대상 지역인 검단 일대 대곡동 · 마전동 · 불로동 · 원당동 · 당하동의 5개 법정동, 검단1동, 검단2동, 검단3동, 검단4동의 4개 행정동이 이에 속한다. 대곡동은 태정 · 두밀 · 황골 · 설원의 4개 자연부락으로, 마전동

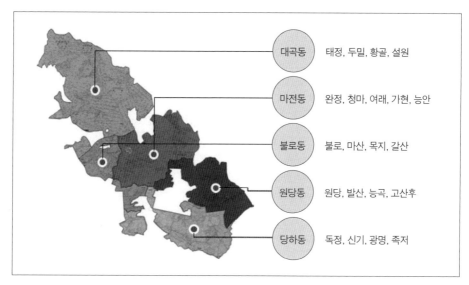

대곡동	태정, 두밀, 황골, 설원
마전동	완정, 청마, 여래, 가현, 능안
불로동	불로, 마산, 목지, 갈산
원당동	원당, 발산, 능곡, 고산후
당하동	독정, 신기, 광명, 족저

〈그림 2-3〉 연구의 공간적 범위

은 완정·청마·여래·가현·능안의 5개 자연부락으로 이뤄져 있다. 불로동은 불로·마산·목지·갈산으로, 원당동은 원당·발산·고산후·능곡으로, 당하동은 독정·신기·광명·족저로 구성되어 있다. 따라서 연구 대상지역은 총 5개의 법정동과 4개의 행정동, 21개의 자연부락으로 구성되어 있다고 볼 수 있다. 그렇지만 이 책에서는 법정동 및 행정동이라는 명칭보다는 앞에서 개념을 규정한 자연부락인 단위 마을을 주로 거론할 것이다.

오랫동안 김포 지역에 속해 있던 검단 지역은 지금까지도 김포시를 생활권으로 하며 집성촌의 모습이 보존되어 있고 유교회, 동제, 민속놀이 등의 활동이 활발한 전통 향토부락의 모습을 보이고 있다. 하지만 2009년 11월 '검단 신도시' 실시 계획이 승인되어 전통 향토부락 이미지가 점차 사라져가고 있으며, 기존 거주민의 유출과 외부인의 유입이 많아지고 있다. 이러한 지역 및 지역사회적 특성을 가지고 있는 인천시 서구 검단에 대한 연구의 내용적 범위를 제시하면 다음 〈표 2-1〉과

<표 2-1> 연구의 내용적 범위

범위	분류	내용

마을 조사 연구	문헌조사	– 검단의 역사 및 개관
		– 검단 5개동(당하동, 마전동, 불로동, 원당동, 대곡동) 기초자료
		  * 西區史(인천광역시 서구), 서구의 역사와 문화(서구문화원), 인터넷 검색자료
		    (신문기사, 개인 블로그 자료, 기관단체 공개자료 등) 참고
		  * 주요 항목(키워드) 중심의 내용 및 위치 조사
		– 기 정리된 자료들의 검토, 현장 확인 및 보완작업 진행

	현지조사 (참여관찰 및 심층 인터뷰)	– 검단 지역의 전체적인 조망: 특징적인 지리적 · 문화적 요소 추출 – 연구지역 21개 자연부락을 대상으로 예비조사 및 심층조사 실시 – 주민 인터뷰 및 현장 답사 – 마을의 이야기, 마을주민의 이야기를 중심으로 이에 해당하는 각종 사진 및 서적 등 자료수집 – 마을과 주민의 문화적 정체성 확인 – 모든 조사 시 녹취하여 녹취록 정리 – 사진 및 영상을 활용하여 이야기에 등장하는 장소와 모습 촬영
마을지 목차 구성		– 연구대상의 문화적 정체성을 드러낼 수 있는 콘텐츠 목차 구성 – 마을, 조사항목, 멀티미디어와의 연결이 자유로운 목차 구성
마을지 작성	스토리텔링	– 스토리텔링 방법론을 활용하여 수집된 마을 자료와 조사 자료 재구성 – 생동감 있는 콘텐츠 제작 목적
	마을지 제작	– 자연지리, 역사, 문화재, 유적, 의례, 풍속, 설화, 성씨, 집성촌, 인물, 마을주민 등의 목차 구성 – 텍스트와 멀티미디어와의 연결
	결과물 검증	– 현지 향토전문가의 자문 및 검증

같다.

    마을지 집필 및 작성을 위한 전체 연구 작업은 자료를 수집하는 단계, 자료를 분석하는 단계, 자료를 가공하는 단계 등으로 구분할 수 있다. 이와 유사하게 필자가 수행한 마을지 연구는 위의 〈표 2-1〉에서 제시된 바와 같이 검단 마을지 작업을 연구 내용별로 구분했다. 이를테면 마을 조사 단계, 마을지 목차 구성 단계, 마을지 작성 단계로 구분한다. 이러한 단계들은 통상 마을지 연구를 하는 단계들이라고 볼 수 있는 자료를 수집하는 단계로서 마을 조사 단계, 자료를 분석하는 단계로서 마을지 목차 구성, 자료를 가공하는 단계로서 마을지 작성 활동과 유사하다.

(2) 마을 문화기술지를 위한 현지조사

인천시 서구 검단 마을지 집필을 위한 현지조사는 2009년 3월 28일부터 2010년 2월 28일까지 총 62차례의 마을 답사와 42명 이상의 마을주민(또는 단체)으로 이뤄진 제보자를 통해 검단 지역의 마을과 향토문화 등을 조사했다. 마을 답사는 현장답사와 주민 심층 인터뷰 등으로 나뉘며 이를 통해 각 동과 부락에 대한 개괄적인 설명, 지명유래, 자연환경, 설화, 집성촌과 조상에 관한 이야기 및 관련 자료를 수집할 수 있었다. 답사 때는 보이스 레코더를 소지하여 주민 인터뷰 시 인터뷰 내용을 녹취했으며, 그에 따른 녹취록을 정리했다. 이와 같은 현지조사와 연구 대상 지역의 연구 참여자 정보는 다음 〈표 2-2〉와 같다.

〈표 2-2〉 현지조사 및 연구 참여자 정보

차수	날짜	조사지역	제보자	주요 내용
1	2009. 03. 28.	대곡동, 마전동 일대	김현옥	여래마을 지명유래, 전설
2	2009. 04. 11.	마전동 1통 아랫마을	윤오식	마전동 개관
3	2009. 04. 11.	마전동 1통 간뎃마을, 윗마을	김현옥	여래마을 개관, 지명유래
4	2009. 04. 17.	마전동 2통	신광균	과거 가현마을 사진 수집, 신광균 씨 생애사
5	2009. 04. 17.	마전동 2통 가현부락	윤오식	가현마을 집성촌 현황
6	2009. 04. 18.	마전동 2통 아랫말	이준용	가현의 자연 현황 및 이야기
7	2009. 05. 05.	마전동 검단사거리	문경복 외	검단 주민의 현재 거취 상황
8	2009. 05. 06.	마전동 안산	이재호	마전동 지역 답사
9	2009.05.09.	마전동 검단초등학교	임성택	검단초등학교와 아랫마을 개관
10	2009. 05. 09.	마전동 아랫마을	김귀분	김귀분 씨 생애사, 아랫마을 과거 모습
11	2009. 05. 11.	대곡동 태정부락	신장균	대곡동 개관
12	2009. 05. 11.	당하동	허수웅	허수웅 씨 생애사
13	2009. 05. 12.	불로동	정국찬	불로동 개관

차수	날짜	조사지역	제보자	주요 내용
14	2009. 05. 12.	불로동	문병학	불로동 지명유래
15	2009. 05. 25.	원당동	김병학	풍산김씨 집성촌, 김병학 씨 생애사
16	2009. 05. 25.	원당동	고성희 문준홍 권영애	원당마을 주민의 삶
17	2009. 05. 25.	당하동	민영식	민영식 씨 생애사
18	2009. 05. 29.	마전동	검단 지역 전(前) 이장들	검단 지역 과거 모습
19	2009. 06. 01.	불로동 갈산부락	박주양	갈산마을 자연 현황 및 이야기
20	2009. 06. 01.	불로동	정호술	정호술 씨 생애사
21	2009. 06. 01.	마전동 청마부락	이종백	유교, 청마부락 이야기
22	2009. 06. 06.	당하동 광명부락	심오섭	광명마을 과거 모습, 청송심씨 삶의 내력
23	2009. 06. 06.	대곡동 태정부락	신장균	대곡동 개관, 태정마을 유래
24	2009. 07. 06.	대곡동 두밀부락	박봉서	두밀마을 명칭, 자연 현황
25	2009. 07. 08.	대곡동 황곡부락	신상철	황곡마을 명칭, 지석묘, 평산신씨 삶의 내력
26	2009. 09. 13.	당하동	허수웅 신상철	광명부락 명칭, 지명유래
27	2009. 09. 13.	불로동, 마전동	임성택 정국찬 이종백	검단초등학교 과거 모습, 불로동 지명유래
28	2009. 09. 13.	대곡동, 원당동	신장균 김연흠 김병학	대곡동 과거 이야기, 원당동 현황
29	2009. 09. 18.	마전동	이재호 김귀분 김현옥	마전동 개관
30	2009. 09. 18.	대곡동, 마전동	강정옥 김남순 신상철	평산신씨 자료수집
31	2009. 09. 21.	마전동	검단유도회	검단유림회 활동
32	2009. 09. 28.	김포시	검단유도회	추기석전 참석

차수	날짜	조사지역	제보자	주요 내용
33	2009. 10. 11.	마전동 검단중학교, 마전동	검단중학교 총동문회 박선녀	제19회 검단중 총동문회 체육대회 참석 마전동 지명유래, 박선녀 씨 생애사
34	2009. 10. 14.	마전동 검단초등학교	교장 이주형	검단초등학교 상징물 설명
35	2009. 10. 14.	마전동 청마부락	이종백	성주이씨와 청마부락
36	2009. 10. 18.	대곡동 태정부락	이옥증	효부상, 이옥증 씨 생애사
37	2009. 10. 19.	대곡동 두밀부락	박예서	박예서 씨 생애사, 박남박씨 삶의 내력
38	2009. 10. 19.	대곡동 황곡부락	신상철	평산신씨 삶의 내력
39	2009. 10. 21.	원당동 검단선사박물관	학예사 김상종	검단선사박물관 소개
40	2009. 10. 21.	불로동 목지부락	유삼종	목지부락 지명유래, 유삼종 씨 생애사
41	2009. 10. 21.	불로동 갈산부락	임무연	갈산부락 개관, 지명유래
42	2009. 10. 28.	마전동 청마부락, 불로동 목지부락	이종백 불로동 주민	목지부락 지명유래, 자연환경
43	2009. 10. 30.	마전동 청마부락, 당하동 족저부락, 당하동 신기부락	이종백 당하동 주민	성주이씨 삶의 내력 당하동 족저부락, 신기부락 답사
44	2009. 11. 04.	당하동 족저부락	김옥자	김옥자 씨 생애사 당하동 민간신앙 관련 풍습
45	2009. 11. 04.	당하동 광명부락	심오섭	심오섭 씨 조부님 이야기
46	2009. 11. 04.	원당동 원당부락	김낙유	원당동 지명유래, 자연환경
47	2009. 11. 12.	서구문화원	부원장 박한준	검단의 역사문화적 특징
48	2009. 11. 12.	마전동	장상진	검단유도회 구성과 지역사회 봉사
49	2009. 11. 17.	마전동	김현옥	여래마을 당제 참석
50	2009. 11. 18.	불로동	임무연	만수산, 갈산 일대 답사
51	2009. 11. 18.	당하동 광명마을	권병일 외	광명마을 당제 참석
52	2009. 11. 22.	마전동	임성택 외	나주임씨 시제 참석
53	2009. 11. 29.	마전동, 당하동	이종백 외 권병일 외	성주이씨 시제 참석, 안동권씨 시제 참석

차수	날짜	조사지역	제보자	주요 내용
54	2009. 11. 29.	마전동 가현부락, 대곡동 태정부락	이재호 외	이재호 씨 생애사, 검단 노인회 내력
55	2009. 11. 29.	마전동 여래부락	김귀분 외	김귀분 씨 생애사
56	2009. 12. 23.	마전동	이재호	이재호 씨 생애사, 검단 지역 과거 삶의 모습
57	2009. 12. 25.	마전동 광명마을	민영식	광명마을 과거 삶의 모습, 민영식 씨 생애사
58	2010. 01. 07.	당하동 족저마을	김옥자	김옥자 씨 생애사, 당하동 가신신앙
59	2010. 01. 19.	마전동	검단유도회	검단유도회 연혁과 활동
60	2010. 01. 19.	마전동	이순배	'서곶들노래' 소개와 전승
61	2010. 01. 19.	마전동	장상진	장상진 씨 생애사
62	2010. 02. 28.	마전동	이종백 외	달맞이행사 참석

(3) 마을지의 조사 내용

　　마을지의 조사 내용은 크게 자연지리와 지명유래, 역사·문화재·유적, 의례와 풍속, 설화, 성씨와 집성촌, 인물, 마을 사람들, 특별한 장소, 검단을 사랑한 사람들 등 9개의 범주로 나눌 수 있다. 법정동별 자연환경의 특징과 특색 있는 지명에 관한 유래를 밝힌 '자연지리와 지명유래', 그리고 과거부터 지역에 전해 내려오던 나무, 묘역과 사당, 정려, 문화재 등을 각 주제별로 정리한 '역사·문화재·유적'을 통해 향후 신도시 개발로 인해 검단 지역의 자연환경이나 지리가 바뀌더라도 지역주민과 그 후손이 과거의 향수를 찾아볼 수 있도록 연구했다. 그리고 검단 지역에서 오랫동안 터를 잡고 살아온 성씨별 시제와 마을별 산고사(동제), 가신신앙, 대보름맞이 행사 등의 '의례와 풍속'을 통해 조상들이 가족과 마을을 지키기 위해 빌었던 소망 등을 엿볼 수 있으며, 검단 지역에 얽힌 '설화'를 통해 조상들이 소중히 여겼던 가치와 삶의 모습을 살펴볼 수 있도록 연구했다.

또한 검단 지역에서 오랫동안 터를 잡고 살아온 가문의 이야기('성씨와 집성촌')와 그 가문에서 배출한 45인의 '인물'을 되돌아봄으로써 개발로 인해 해체될 집성촌에 관한 기억을 보존하고자 노력했으며 현재 마을에 거주하고 있는 '마을 사람들', '검단을 사랑한 사람들'을 통해 향토주민의 의미 있는 삶을 소개하여 지역주민에 관한 관심과 가치인식을 제고하고자 했다. 또한 '특별한 장소'를 통해 검단 지역에 대한 기억을 담은 공간을 기록함으로써 검단의 향토문화가 지닌 가치를 재조명하고 이를 보존할 수 있도록 했다. 이러한 연구 내용을 그대로 마을지 콘텐츠로 가공했으며, 그 결과는 다음 〈표 2-3〉과 같다.

〈표 2-3〉 마을지 조사 내용

1. 하늘이 밝힌 마을, 검단: 자연지리(지명유래)	
1) 어저귀의 넓은 밭, 마전동	여래/가현/원현/능내/완정/청마
2) 높은 산과 깊은 골, 대곡동	태정/두밀/황곡/설원
3) 불로초와 장수의 비밀, 불로동	불로(마산)/목지/갈산
4) 선사 시대의 발견, 원당동	원당/발산/능곡/고산후
5) 제림산이 감싸 안은 마을, 당하동	신기/광명/족저/독정
2. 선조들이 남긴 아름다운 재산: 역사, 문화재	
1) 검단의 시간을 품다, 木(목)	대곡동느티나무, 대곡동은행나무, 불로동은행나무, 광명느티나무, 족저향나무
2) 검단의 혼과 얼을 담다, 墓(묘)와 堂(당)	한백륜 묘역, 김안정 묘역, (박남박씨 묘역, 대곡동 평산신씨 묘역, 의령남씨 묘역, 평택임씨 묘역), 정인지 사당
3) 검단의 효와 열이 서리다, 旌閭(정려)	밀양당씨, 남양홍씨, 심한성효자정려
4) 검단의 풍년을 노래하다, 樂(악)	인천무형문화재 18호 '서곶들노래'
3. 자연을 숭배하고 조상을 모시는 마음: 의례와 풍속	
1) 시제, 뿌리를 지키는 지혜	성주이씨, 안동권씨, 나주임씨 등
2) 산고사, 마을을 지키는 염원	여래마을 산고사, 광명마을 산고사
3) 가신, 가족을 지키는 마음	족저부락 김옥자 할머니의 조왕신
4) 대보름, 검단을 비추는 소망의 빛	검단 달맞이 행사

4. 예부터 내려온 검단의 이야기: 설화	
1) 호랑이와 형제가 된 나무꾼	가현산 호랑이
2) 산신령을 감동시킨 효성, 만수산	만수산 전설
3) 스님이 키운 지팡이	두밀 은행나무
4) 기생의 한을 풀다, 현명한 원님	원현의 정조문
5) 구슬을 빼앗긴 여우의 한(恨)	여우재고개
6) 하늘에 이르는 길	하누재고개
5. 동혈(同血)로 이뤄진 마을공동체: 성씨와 집성촌	
1) 마전동과 집성촌	
2) 대곡동과 집성촌	
3) 원당동과 집성촌	
4) 불로동과 집성촌	
5) 당하동과 집성촌	
6. 검단의 이름을 날린 사람들: 인물	
1) 김달도~김횡	
2) 남두장~박정	
3) 신방열~심한성	
4) 이인호~한백륜	
7. 검단愛, 아름답고 가슴 따뜻한 이야기: 마을 사람들	
1) 아파트를 지키는 절구	박선녀(여, 93) – 마전동, 가현마을
2) 恨(한)을 벗 삼아 살아온 사십 년	김귀분(여, 70) – 마전동, 여래마을
3) 고문서를 읽어주는 농부	신상철(남, 55) – 대곡동, 태정마을
4) 고이 간직해둔 아버지의 마음	정호술(남, 84) – 불로동, 목지마을
5) 역사를 기록하는 광명 마을회관	심오섭(남, 73) – 당하동, 광명마을
6) 조상을 섬기는 마음, 하늘에 닿은 정성	김병학(남, 81) – 원당동, 원당마을
7) 희로애락, 마을 사람들 갤러리	검단 마을 사람들
8. 검단의 기억을 품은 공간: 특별한 장소	
1) 검단 교육의 근간	1-1) 검단초등학교
	1-2) 마을 사람들과 검단초등학교

2) 존장님의 큰 마을	대곡동 고인돌, 원당동 고인돌
3) 옛날 옛적 검단의 기록	검단선사박물관
9. 검단에 대한 지극한 마음: 검단을 사랑한 사람들	
1) "검단仁(인), 마음이 중요합니다"	향토사가 이종백
2) "사라지기 전에 기록해야 합니다"	서구문화원 부원장 박한준
3) "검단 사람들 마음의 고향입니다"	검단초등학교 교장 이주형
4) "아이들에게 역사를 물려줍니다"	검단선사박물관 관장 김상종
5) "검단의 정통성을 계승합니다"	검단유도회 회장 장상진

위의 〈표 2-3〉과 같이 인천시 서구 검단의 마을지는 9개의 내용 영역으로 구성된다. 이 중 7장과 9장이 현재 독자들이 읽고 있는 이 책의 저술을 위해 사용되었다. 검단에 현존하는 인물들의 과거 일상생활을 비롯하여 생활사를 채록하여 기술한 것이다. 이 저술은 인천시 서구 검단이라는 특정 공간 속의 삶을 영위하는 검단 사람들의 이야기를 포토텔링 기법으로 기술한 것이다.

3장.
마을문화 콘텐츠의 스토리텔링 방법

1. 스토리텔링의 과정

마을문화 콘텐츠를 스토리텔링하는 것은 해당 마을의 문화자원이 지닌 지역적인 특수성을 바탕으로 향토민의 정서를 보편적으로 풀어내는 것이라고 할 수 있다. 그러므로 마을문화 콘텐츠에 대한 많은 지식을 가지고 있는 마을의 어르신들과 향토사학자 등 마을의 문화적 가치를 이끌어내고 가공할 수 있는 연구자의 공동연구가 필요하다. 따라서 연구자는 해당 마을주민의 관점에서 마을문화 콘텐츠를 이해해야 하며, 이를 바탕으로 마을주민이 학습해온 향토문화자원과 마을주민이 만들어낸 세계를 이해할 수 있다.

마을문화 콘텐츠를 활용한 스토리텔링 과정은 크게 조사, 자료 가공, 스토리텔링 유형 결정 단계로 구성된다. 자료로만 존재하던 마을문화 콘텐츠를 조사하여 문화산업적 가치가 창출되도록 가공하고 제작될 콘텐츠의 성격과 부합하는 스토리텔링 유형을 결정하는 것이 마을 스토리텔링의 과정이다. 스토리텔링의 전 과정을 도표로 제시하면 왼쪽 〈그림 3-1〉과 같다.

조사 단계는 마을문화 콘텐츠의 대상이 되는 지역적 범위, 즉 단위 마을을 선정했다는 것을 전제로 하며, 문헌조사, 이미지조사, 현장조사로 구분된다. 조사 단계는 참여관찰과 같은 질적 연구방법을 바탕으로 해서 조사를 진행한다. 참여관찰법은 연구대상자들이 해당 지역의 자연 및 인문환경에 어떤 방식으로 적응하고 있는지, 어떻게 삶을 영위하고 환경과 상호작용을 했는지 서술하는 방법론으로 연구자가 현지조사 대상 마을주민의 경

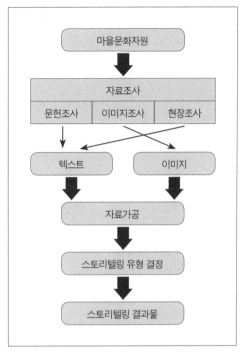

〈그림 3-1〉 마을문화 자원의 스토리텔링 과정 도식

험세계를 이해하는 데 무엇보다 유용한 방법이다. 향토문화자원을 활용한 스토리텔링의 조사 단계에서는 참여관찰을 통해 마을문화 콘텐츠에 관한 마을주민의 지식과 정서를 이끌어낼 것이다.

문헌조사 시에는 일반서적 이외에도 각 지방자치단체의 군지(郡誌)나 시지(市誌), 그리고 공공기관의 통계자료나 연구보고서를 참고한다. 또한 그 범주를 대상 향토 지역에 한정시키지 않고 일반론 혹은 주변 지역의 향토사(鄕土史)를 조사하여 현재 전해지지 않는 이야기를 발굴한다. 이미지조사는 대상지의 지도나 사진 등의 이미지를 수집·활용하는 조사다. 이미지조사를 통해 연구자는 문헌에서 습득한 지식을 도상적으로 이해할 수 있다. 특히 실제 지도나 구글 등 웹에서 제공되는 지도들은 마을의 지리적 정보 및 해당 공간에 대한 위치정보를 얻는 1차적인 자료일

뿐만 아니라 마을의 입지를 비롯하여 전체 마을 경관, 내부구조, 토지 이용 등의 자료를 수집하는 데 편리한 매체다(김기혁, 2009).

현장조사는 연구자가 마을 현지에 나가 마을문화 콘텐츠를 직접 확인하고 이에 관한 이야기를 조사하는 단계다. 현장조사는 해당 마을에 오랜 기간 거주한 토박이나 애향심을 가진 제보자를 선정하여 마을문화 콘텐츠가 될 만한 이야기를 채록하는 인터뷰와 동제(洞祭),[7] 축제, 마을회의 등 지역의 문화 행사에 참여하는 문화행위 참여, 현장에서 직접 사진과 동영상을 촬영하는 이미지 촬영 등으로 구성된다. 연구자에 대한 마을주민의 신뢰가 구축된 이후에야 해당 주민의 정서를 온전히 조사할 수 있기 때문에 현장조사는 단발적 조사가 아닌 장기적 안목을 가지고 진행해야 한다. 현장조사 실시 이전에 문헌조사와 이미지조사가 진행되면 효율적이고 효과적인 현장조사 결과를 기대할 수 있다.

연구자는 현장조사를 통해 마을문화 콘텐츠에 대한 두 가지 시각, 즉 연구자의 시각인 외부자의 시각과 향토인의 시각인 내부적인 시각을 획득할 수 있다. 이렇게 획득된 관점은 연구자로 하여금 다른 의미체계 속에서 살고 있는 마을주민의 관점에서 마을문화자원을 이해하게 하고 연구자의 객관적인 시각으로 마을문화의 사회적·학술적인 의미를 밝히는 데 도움을 줄 것이다.

문헌조사, 이미지조사, 현장조사의 결과물의 대부분은 텍스트와 이미지로 정리된다. 이러한 결과물을 정보로 가공하는 과정을 자료 가공 단계라 한다. 조사 단계의 기간이 길고 그 폭이 넓을수록 생성되는 결과물의 양은 방대해진다. 이러한 자료들이 효과적으로 정리되지 못했다면 자료에 대한 공간적인 장벽이 발생할 수

---

7) 한국학중앙연구원(1991)의 『민족문화대백과사전』에 따르면 동제의 시기는 음력 정초에 택일하여 정월 초이틀이나 초사흘에 하는 마을이 있고 대보름 첫 시간, 즉 자정에 하는 마을도 있다. 이 밖에도 군왕 혹은 장군 등 인신을 동신으로 모신 동신당에서는 해당 인물의 탄신일이나 기일에 제를 드리기 때문에 시기가 다를 수 있다. 동제는 '산고사', '동고사', '별신굿', '장승제', '용궁맞이', '풍어제', '배서낭굿' 등 해당 지역의 생태적인 조건에 따라 다양한 이름으로 치러진다. 제의 방법 역시 마을 사람이 제관이 되어 행해지는 경우와 무당 같은 전문적인 사제자가 참여하여 행해지는 굿 형태가 있다. 중부 지역의 도당굿, 서해안의 풍어제는 무당이 주재하고, 그 밖에 제주도의 당굿 역시 전문적인 사제자인 심방이 주재한다.

있다. 공간적인 장벽이란 연구자가 확보한 정보를 찾지 못해 재조사하거나 활용하지 못하는 상황을 뜻한다. 연구결과의 양이 아무리 많다고 하더라도 연구자가 그것을 한눈에 꿰고 있지 않으면 연구가 효과적으로 이뤄질 수 없다. "구슬이 서 말이라도 꿰어야 보배"라는 말을 상기해보면 마을지 연구에서도 현지에서 얻어낸 방대한 자료들을 엮어야 체계적인 연구가 가능하다는 논리가 성립한다. 따라서 연구 과정이 진행되고 있는 동안에도 필요한 정보는 일정한 체계로서 하나의 집합인 데이터베이스로 가공하여 결과물의 유용성을 높여주는 것이 중요하다.

따라서 조사 단계와 달리 자료 가공 단계는 각 조사결과의 유형과 그 성격 및 자료정리의 기준을 파악한 연구자만이 효율적으로 진행할 수 있다. 각개의 파일로 존재하는 텍스트와 이미지를 하나의 데이터 집합체로 만드는 과정은 다음과 같다. 먼저 개개의 파일 이름을 일정한 기준으로 부여한 다음 체계를 가진 데이터베이스 색인표를 만든다. 아래의 〈표 3-1〉은 각개 파일에 동등한 체계로 파일명을 부여하는 기준이다.

파일명을 부여하는 기준은 크게 자료 가공 유형과 자료 내용 분류로 나눠진다. 자료 가공 유형은 앞선 단계인 조사 단계의 결과물에 따라 정리록, 녹취록, 사진, 기타 멀티미디어로 구분된다. 조사정리록은 문헌조사와 현장조사를 통해 알게 된 사실, 그리고 이미지조사 결과 이미지의 내용을 정리한 내용 등이 기술된 파일이다. 녹취록은 현장조사 중 녹취된 내용을 글로 옮겨 적은 파일이다. 녹취록은 현

〈표 3-1〉 파일명 부여 기준

자료 가공 유형			자료 내용 분류	
텍스트	1	조사정리록	a	자연환경
	2	전사록(轉寫錄)	b	문화유산
이미시	3	이미지	c	설화
	4	기타 멀티미디어	···	···

장의 분위기와 제보자의 어투까지 그대로 담아내야 하는 파일로 일반적인 정리록과는 다른 성격을 지닌다. 이미지는 이미지조사, 현장조사 결과 스캔작업을 하거나 직접 촬영한 지도, 그림, 사진 등이고, 기타 멀티미디어는 소리, 동영상 등을 뜻한다. 파일명 표기 방법은 첫 번째 자리에 자료 가공 유형을 나타내는 아라비아 숫자를 적고, 두 번째 자리에는 자료 내용의 분류를 적고, 동일 유형과 분류를 기준으로 하는 연번을 적는다. 다음 〈그림 3-2〉는 파일명 표기의 예시다.

맨 앞자리에는 자료 가공 유형인 아라비아 숫자를 적고 그다음 자리에는 자료 내용의 분류 항목인 알파벳을 기입한다. 그리고 동일 유형과 분류에 따른 연변을 정리한 다음 결과물을 간략하게 요약한 표제어를 적어 파일명을 표기한다. 위에 제시된 '3c01-도라지고개'의 경우 파일명을 통해 이 파일의 '도라지고개'라는 자연환경(c)을 촬영한 이미지(3)라는 점을 알 수 있다. 이러한 파일명은 결과물의 양이 많아졌을 때 각 파일을 일일이 확인하지 않고 파일명만으로 대략의 개요를 파악할 수 있다는 장점이 있다.

개개의 파일명 부여 이후에는 모든 파일명과 내용을 하나의 파일 안에 정리하는 작업이 필요하다. 이미 진행한 파일명 표기를 바탕으로 간단한 검색을 통해 결과물의 조건을 검색하는 데 용이하다. 이 작업은 MS-Access 등의 데이터베이스 프로그램을 이용하거나 MS-Excel 프로그램을 이용하면 쉽게 작업할 수 있다. 전문적인 프로그램인 MS-Access가 아닌, 보편적으로 알려진 MS-Excel 프로그램을 이용하여 데이터베이스 색인표를 구축하기 위해서는 우선 파일명에 표기된 '유형', '연번', '분류', '표제어'의 항목과 추가로 내용 및 참고문헌 등의 항목명을 만들고 정리한다. 그리고 각각의 항목명에 필터를 걸어 항목별 검

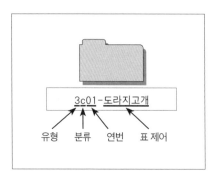

〈그림 3-2〉 파일명 표기방법

연번	표제어	자료유형	자료분류	내용	출처
9	가낙굴고개	1	a	황곡과 가현 사이의 고개.	서구사 p.630
13	노루마당	1	a	큰산골 밑의 논을 말함	검단역사와문화 p
27	달안메	1	a	황곡과 두밀 사이, 다라테의 앞산.	서구사 p.630
28	담월산	1	a	황곡과 고창미 사이의 산	서구사 p.630
35	도라지골고개, 여둔ㅂ	1	a	황곡과 태정 사이의 고개.	서구사 p.630, 검단
42	밤가시, 방까시	1	a	도티울 동편 골에 있는 마을. '밤+갓+	서구사 p.629, 검단
51	월산	1	a	다랏테의 뒷산으로 반달 형국이라고 ㅌ	서구사 p.630
82	칠일골짜기	1	a	도티울 앞의 골짜기를 말함. 그 앞쪽으	검단역사와문화 p
102	황곡의 역사	1	e	황곡의 원거인은 단양우씨였으나 150	서구사 p.628
171	황곡마을 논	3	a	황곡마을 쌀의 주 생산 논으로 명칭확	직접촬영(07.04)
208	봉우리	3	a	황곡마을에서 본 봉우리 명칭확인 요ㅂ	직접촬영(09.18)
211	두밀마을 입구 표지ㄴ	3	a	두밀마을을 알리는 표지판	직접촬영(09.18)

〈그림 3-3〉 황곡마을 데이터베이스 색인표

색이 가능하게 하면 간단한 데이터베이스 색인표를 구축할 수 있다. 위의 〈그림 3-3〉은 실제 현지조사를 수행한 황곡마을 스토리텔링을 위해 구축한 데이터베이스 색인표다.

액셀로 제작한 이 색인표는 연번, 표제어, 자료유형, 자료분류, 내용 및 출처를 항목명으로 하고 있다. 출처를 항목명으로 둔 것은 정보의 출처를 명확히 함으로써 향후 정보성이 강한 스토리텔링 방법을 사용할 때 도움이 되고자 한 것이다.

2. 스토리텔링의 개념과 유형

김영순(2011)의 스토리텔링 모형은 스토리텔링을 설명하기에 매우 유용하다. 삼각형 왼쪽에 위치한 S_1은 Sender1으로 첫 번째 화자를 의미한다. S_1은 이야기 T_1을 R_1에게 전달한다. T는 Text의 약자이고, R은 Receiver의 약자다. 여기까지는 일반적인 이야기의 구연, 일방향적인 커뮤니케이션에 해당한다.

이야기를 들은 청자 R_1은 들은 이야기를 자기 나름의 관점으로 해석한다. 이 해석에는 그동안의 경험과 가치관, 감정 등이 영향을 미친다. 청자 R_1은 이제 들은 이야기를 스스로에게 이야기하는 S_2가 된다. S_2의 머릿속에는 이야기2인 T_2가 구성되는데, 이렇게 구성된 이야기는 이야기를 구성한 본인인 청자가 다시 이해함으로써 T_2 이전의 '나'와 달라진다. 이처럼 만들어진 이야기에 영향을 받아 변화하는 청자를 김영순(2011)은 'R_2'라고 표현한다.

청자 R_2가 타인 R_3에게 S_1에게서 들은 이야기를 설명하는 상황을 예로 들면 다음과 같다. 이 이야기는 최초에 S_1이 R_1에게 했던 이야기 T_1과는 다르다. S_2의

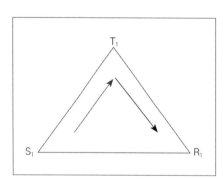

〈그림 3-4〉 이야기하기 모형 (김영순, 2011)

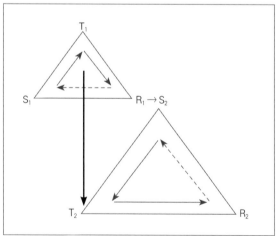

〈그림 3-5〉 스토리텔링 모형 1 (김영순, 2011)

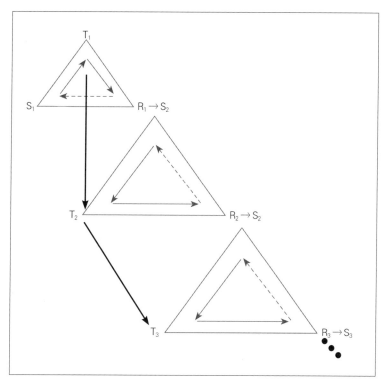

<그림 3-6>
스토리텔링 모형 2
(김영순, 2011)

사유를 거쳐 T_1은 T_2가 되었고, S_1이 타인 R_3에게 전달하는 상황, 맥락, 현재적 가치 등에 따라 T_2는 또 다른 이야기인 T_3가 된다. 그리고 이러한 스토리텔링은 S_3로, S_4로, S_∞(무한대)로 이어질 수 있으며 이에 따라 T 역시 T_∞의 가능성을 갖는다.

위의 모형에서 화자와 청자는 자기 자신일 수도 있고 타인일 수도 있다. 역사일 수도 있고 문집일 수도 있으며 회화작품일 수도 있다. 그리고 웹페이지일 수도 있고 TV 프로그램일 수도 있으며 공간일 수도 있다. S_n의 경험과 사유가 어떠한 성격을 가진 플랫폼 T_n으로 변용되느냐에 따라 R_n에게 전달되는 이야기의 내용과 형태는 달라진다. 즉, T_n은 이야기의 내용과 형태를 모두 포함한 단어이며 청자 R_n과 화자 S_n이 어떠한 성격을 가지고 있느냐에 따라 T_n이 T_{n+1}로 변화하는 양상은 달라진다. 이 모형을 통해 우리는 이야기가 이야기되는 과정, 이야기가 변화하는 과정과 결과, 즉 이야기와 담화 그리고 그 과정을 쉽게 이해할 수 있다.

인간의 삶에서 경험과 기억, 사유는 이야기로 구성되고 이야기를 필요로 한다. 일상생활에서 당연하게 일어나는 담화의 형성과 전달이 스토리텔링이라는 새로운 옷을 입은 데는 위의 〈그림 3-6〉처럼 각 과정에서 일어나는 변용, 상호작용을 강조하기 위함이다.

마을문화 콘텐츠는 바로 마을문화의 다양한 요소를 말한다. 이러한 마을문화 콘텐츠를 활용한 스토리텔링은 정보적 가치와 정서적 가치 둘 다를 중심적인 가치로 두고 있다. 따라서 향후 제작될 콘텐츠의 성격에 따라 정보적 가치를 높이는 사실성과 정서적 가치를 향상시킬 수 있는 창의성을 바탕으로 유형을 나눌 수 있다. 다음 〈그림 3-7〉을 살펴보자.

〈그림 3-7〉은 마을문화 콘텐츠를 활용한 스토리텔링의 유형을 그림으로 표기한 것이다. 창의성과 사실성을 수치로 환산하여 정확히 유형을 나눌 수는 없지만, 각 요소가 차지하는 정도에 따라 A유형과 B유형의 두 가지로 나눠볼 수 있다. A유형은 창의성이 사실성보다 좀 더 많은 비중을 차지하는 자료로, 대중문화 콘텐츠인 영화나 게임이 대표적인 예다. A유형의 마을문화 콘텐츠 스토리텔링은 그 스스로 창의성의 비중을 많이 가지고 있으면서도 향토민의 정서와 감성을 전달하는 감성적인 스토리텔링으로 가공되어야 한다.

B유형은 사실성이 창의성보다 우위에 있는 자료로 다큐멘터리 제작이나 박물관 및 전시관의 스토리텔링이 대표적인 예다. B

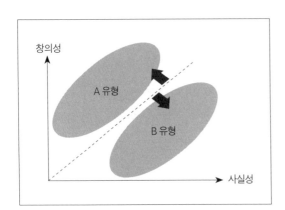

〈그림 3-7〉 창의성과 사실성 기반 스토리텔링 유형

〈표 3-2〉 스토리텔링의 유형별 성격

유형	창의성 vs. 사실성	성격	이용 가능 분야
A유형	창의성 > 사실성	정서적, 유희적	향토민의 경험과 밀접한 대중문화 콘텐츠로 이용 가능
B유형	창의성 < 사실성	실용적, 역사적	역사적 · 사실적인 경험을 바탕으로 한 실용적 콘텐츠로 이용 가능

유형의 자료는 객관적인 지표로 설명할 수 있다는 특징이 있다. 따라서 창의적인 스토리텔링보다는 사실에 근거한 객관적인 스토리텔링으로 가공되어야 한다. 스토리텔링의 유형을 정리하면 위의 〈표 3-2〉와 같다.

　　마을문화 콘텐츠는 연구자의 의도에 따라 그 유형이 선택되어 콘텐츠로서 기획된다. 이미 A유형에 가까운 설화(說話)라도 지역의 역사와 주민 인터뷰를 바탕으로 스토리텔링한다면 역사성과 실용성을 지닌 B유형으로 기획이 가능하다. 이는 참여관찰과 심층 인터뷰를 통해 연구자가 객관적인 시선과 향토민의 주체적인 시선을 모두 획득할 때 가능한 것으로, 이를 통해 마을문화 콘텐츠의 스토리텔링은 반드시 철저한 조사 단계를 바탕으로 진행되어야 한다.

3. 마을문화 콘텐츠 스토리텔링의 실제

　　이번 절에서는 인천시 서구 검단 황곡마을을 대상으로 마을문화 콘텐츠 스토리텔링의 실제 과정을 다룰 것이다. 황곡마을이 위치한 인천광역시 서구 검단은 본래 경기도 김포군에 소속된 지역이었으나, 광역시 편제 확대로 인해 1995년 인천광역시로 편제되었다. 아직까지는 집성촌, 유도회(儒道會) 등 전통 향토부락의 모습을 간직한 것으로 보인다. 그러나 2009년 11월 승인된 검단 신도시 실시계획에 의해 2013년 12월까지 신도시개발사업의 완료를 목표로 곳곳에서 신도시 개발이 시작되고 있어 향토문화자원의 소실이 염려되는 지역이다. 따라서 사라져가는 황곡마을의 향토문화자원에 대한 향토민의 기억을 보존하여 신도시 주민 및 황곡마을의 후대에게 공간이 가진 기억을 전달하기 위한 향토문화 콘텐츠 제작을 위해 황곡마을을 스토리텔링의 대상지로 선정했다.

　　황곡마을의 자연환경에 관한 내용을 조사하기 위해 「김포군지」(1991), 「문화유적분포지도」(2007), 『검단의 역사와 문화』(2009) 등을 참조했다. 다음은 『검단의 역사와 문화』에 기술된 황곡마을의 자연환경이다.[8]

　　황곡마을의 현장조사는 2009년 6월부터 2010년 1월까지 약 8개월간 진행되었다. 황곡마을에서 약 500년 동안 세거하고 있는 평산신씨(平山申氏)의 후손(남, 55세)을 조사 대상자로 삼고 인터뷰를 진행했다. 인터뷰 결과 가문의 인물과 관련

〈그림 3-8〉 현장조사 시 촬영한 황곡마을 입구 도라지고개

된 설화 및 조사 대상자의 유년기 삶을 통해 황곡마을의 자연환경을 추론할 수 있었으며, 그와 황곡마을의 자연환경을 답사하는 과정에서 문헌에서는 얻을 수 없었던 지명과 그에 얽힌 이야기를 얻을 수 있었다. 〈그림 3-8〉은 현장조사 결과 얻은 이미지다.

　　다음은 위의 조사 단계에서 얻은 자료들을 가공하는 자료 가공 단계다. 〈그림 3-8〉은 황곡마을에서 도라지고

---

8)　황곡마을은 산이 높고 골이 깊은 마을로 두밀리와 경계를 이루고 있다. 마을 뒤편 황해 바다가 바라다보이는 가현산의 명당 터에 절이 있었다고 전해진다. 또한 인근에 99기 정도의 고인돌 추정 흔적이 발굴되었다(인천서구문화원, 2009).

연번	표제어	자료유형	자료분류	내용	출처
1	도라지골산	3	a	황곡과 두밀마을 사이에 위치한 산 이	daum 지도
2	도라지고개	2	a	도라지골산에 위치한 고개로 황곡과 5	2009.09.18.전사록 13번
3	도라지고개	3	a	도라지고개 황곡마을 입구	2009.09.18. 직접 촬영
4	도라지고개	3	a	도라지고개 중턱에서 바라본 황곡마을	2009.09.18. 직접 촬영
5	도라지고개	3	a	도라지고개 정상즈음. 반대편에는 군부	2009.09.18. 직접 촬영
6	도라지고개	3	a	도라지고개에서 바라본 도라지골산의	2009.09.18. 직접 촬영
7	도라지고개	3	a	도라지고개에서 어린시절 이야기를 들	2009.09.18. 직접 촬영

〈그림 3-9〉 도라지고개 관련 데이터베이스 색인

개를 넘어 태정마을을 오가던 도라지고개다. 이미지조사에서 '도라지골산'이라는 명칭을 확인한 후 도라지골산의 지명과 자연환경에 대한 현장조사를 실시했다. 도라지골산에는 황곡마을과 태정마을을 왕래하던 '도라지고개'가 있었는데, 1980년대에 군부대가 들어서면서 통행이 금지되었다고 한다. 통행금지 이전에는 이 길을 통해 황곡마을 사람들이 마을 밖에 있는 초등학교, 중학교를 다녔다고 한다. 현재는 사람이 다니지 않아 낙엽이 무성한 야산이 되었지만, 마을주민은 도라지골산과 도라지고개에 대한 추억을 많이 지니고 있었다. 〈그림 3-8〉은 '3c01-도라지고개'라는 파일명(그림 3-9)을 부여받았다. 이와 관련하여 다음 〈그림 3-9〉와 같은 데이터베이스를 만들 수 있다.

〈그림 3-9〉는 검단 문화기술지를 위해 도라지고개와 관련된 데이터베이스만 정리한 색인표다. 연번 1은 자료유형 3, 자료분류 a, 출처 'daum지도'라는 점을 통해 자연환경을 담은 이미지(지도)라는 점을 알 수 있다. 연번 2는 자료유형 2, 출처 '2009.09.18. 전사록 13번'이라는 점에서 9월 18일에 인터뷰한 내용을 정리한 전사록이라는 점을 알 수 있다. 또한 연번 3번부터 7번까지는 9월 18일에 촬영한 이미지임을 알 수 있다. 이렇게 직접 자료를 찾지 않아도 데이터베이스 색인표를 통해 결과물의 유형과 내용을 확인할 수 있기 때문에 연구자가 연구 중 조사결과를 이용하기에 용이하다.

자연환경이라는 향토문화자원은 창의성보다 사실성이 비중을 차지하는 B유형에 가까워 보이지만, 연구자의 의도에 따라 A유형으로의 기획도 가능하다. 다음은 '도라지고개'를 대상으로 하는 스토리텔링 B유형으로서 다큐멘터리 기획 시나리오의 일부다.

　　황곡마을 사람들이 장에 갈 때나 학교를 갈 때 넘어 다니던 도라지고개는 1980년 태정마을의 도라지고개 입구에 군부대가 이전한 이후로 더 이상 넘을 수 없게 되었다. 태정마을과 황곡마을을 직접 왕래할 수 있었던 유일한 통로였던 도라지고개. 1990년 후반의 어느 날, 황곡마을의 도라지고개 입구마저 불법 공장들이 점거하여 도라지골산은 더 이상 마을 뒷산이 아닌 공해와 들짐승으로 가득한 야산이 되어버렸다.

　　다음은 '도라지고개'라는 동일한 대상에 사실성보다는 창의성의 비중을 더 높여 스토리텔링 A유형으로서 중학생을 대상으로 하는 에듀테인먼트 영상 시나리오의 일부다. A유형은 창의성이 사실성보다 좀 더 많은 비중을 차지하는 콘텐츠로, 수용자에게 향토민의 정서를 전달하는 역할을 한다.

　　도라지고개 마루에 오른 진수는 뭔가 생각났다는 듯이 책보에서 급하게 무엇인가를 꺼냅니다. 그러고는 그것을 손에 꼭 쥐고 낙엽이 많이 쌓여서 미끄러운 고갯길을 열심히 내려갑니다. 미끄덩거리면서도 넘어지지 않고 몸을 이리저리 움직이며 균형을 잡는 진수의 모습을 누군가가 본다면 아마 피식하고 웃음을 흘릴 것입니다. 진수는 벌써 고개를 내려와 집을 향해 뛰다가 대추논 앞에서 잠시 멈춥니다. 대추나무 옆에 있는 논이라고 해서 이름 붙여진 대추논에는 벌써 어린아이들이 썰매를 타고 있습니다. 그토록 걱정하던 얼음이 언 것을 본 진수 입이 함박 벌어지더니

다시 집으로 뛰어갑니다.

위에서 제시한 스토리텔링 유형들은 '창조적'인 축과 '사실적'인 축의 두 가지 유형으로 형성되었다. 이 두 가지 유형이 교차되어 생성되는 네 가지 영역도 주목할 필요가 있다.

첫 번째 A유형은 창조적 성격과 사실적 성격이 뚜렷한 특성을 갖는다. 즉, 마을주민의 이야기에 기초해서 구성된 감성적 마을 콘텐츠를 담은 스토리텔링이다. 마을주민과 현지조사를 수행한 연구자의 합의된 마을문화 지식이 A유형 스토리텔링의 토대가 된다. 따라서 이 유형은 에듀테인먼트 요소를 요구하는 여러 분야에서 활용 가능성이 가장 높다고 볼 수 있다.

두 번째 B유형의 스토리텔링은 창조적 성격은 뚜렷하고 사실적 성격은 약하다. 이 유형은 마을의 문화자원 중에서 흥미롭고 유희적인 내용을 선별하여 대중에게 크게 호소할 수 있는 내용으로 각색하고 재구성한 마을 콘텐츠다. 그래서 B유형의 스토리텔링에서는 마을을 조사한 연구자의 개입이 매우 뚜렷하게 나타난다.

위에서 예시로 제시한 '도라지고개'의 스토리텔링은 A유형, B유형으로 구분하여 다음 〈그림 3-10〉과 같이 두 개의 도식으로 정리할 수 있다.

위의 A, B유형 이외에 스토리텔링을 진행할 때 사실적 성격의 유무를 중심으로 C, D유형의 두 가지 스토리텔링을 생각해볼 수 있다. 바로 세 번째 C유형의 스토리텔링은 객관적인 사실에 기반을 두지 않고 연구자의 창조적 성격을 반영하지도 않았다. 형식적으로 나타나는 유형이므로 실제 스토리텔링을 할 때 이 유형을 활용

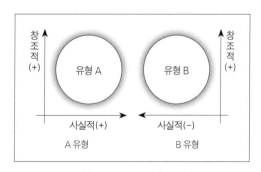

〈그림 3 10〉 스토리텔링 유형(1)

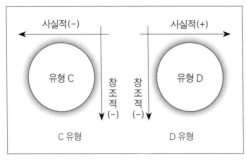

〈그림 3-11〉 스토리텔링 유형(2)

하는 예는 거의 없다.

네 번째 D유형의 스토리텔링은 사실성만이 강조된 스토리텔링이다. 이를테면 백과사전식의 정보제공을 위주로 한 마을문화 콘텐츠 스토리텔링이라고 봐도 과언이 아니다. 연구자가 수행한 마을조사에서 수집된 자료와 객관적으로 검증된 자료에만 근거를 둔다. 마을에 관한 다큐멘터리이자 마을 자료의 아카이브라고 할 수 있다. 위 설명과 같은 C, D유형을 도식화하면 위의 〈그림 3-11〉과 같다.

하지만 이러한 이야기의 성격을 규정하고 스토리텔링 유형을 선택하는 작업은 현지연구를 수행한 연구자 혼자서 결정할 수 있는 문제가 아니다. 예를 들어 마을주민에게는 불편하고 아름답지 않다고 여겨지는 내용의 소재들이 있을 수 있으며, 이는 디지털 마을지의 이야기를 구성하는 데 장애가 되거나 아예 활용하기 어려울 수 있다. 재개발과 아울러 대중화되기 때문에 더욱 미화된 마을의 모습을 원하는 마을주민의 바람으로 연구자의 의도와는 다르게 마을 이야기를 스토리텔링해야 하는 경우가 생긴다. 또한 마을 이야기가 완성된 후에도 마을주민과의 소통은 계속되어야 한다. 마을의 현지연구에서 조사한 내용을 바탕으로 이야기를 구성했음에도 마을주민은 마을지에 들어가게 될 마을 이야기에 동의하지 않을 수 있다. 이는 마을 텍스트 구성 과정, 즉 의미화 과정에서 연구자와 마을주민과의 관점 차이가 다르게 나타나는 경우다. 이처럼 어긋난 관점의 차이는 연구자와 마을주민 간의 부단한 소통과 상호신뢰를 바탕으로 줄여나가야 한다. 이런 절차는 문화적 공유 지점을 찾는 과정에 기여할 것이며, 마을지 제작을 원만히 수행할 수 있게 한다.

이 책에서는 이미 밝힌 바와 같이 '검단 마을지 연구'를 위한 현지조사에서 마을 주민의 생애담만 스토리텔링한다는 의견을 진술했다. 이 때문에 마을에서의 주민의 삶과 그 삶 속에서 형성된 이야기, 즉 마을 생애담에 주목한다. 이 경우 선택할 수 있는 스토리텔링 유형은 연구자의 창조성을 포함한 개입이 두드러지는 B유형을 선택한다. 이를테면 '아파트 앞 절구 이야기'를 주제로 스토리텔링한 것에 대한 개요를 제시하면 다음의 사례와 같다.

제목	"아파트 앞 절구 이야기" - 검단 마전동 여래마을 박선녀 할머니 -
내용	"우리 집이요? 절구를 찾으면 됩니다." 1) 검단 마전동 대주아파트 입구에 있는 절구를 묘사함: 둥그렇고 완만한 곡선의 몸통이 어머니의 형상과 비슷함. 어머니의 사랑, 절구가 아파트 입구에 있게 된 배경 설명 2) 대주아파트의 최고령 할머니 박선녀 씨를 소개함: 얼마 전까지만 해도 직접 텃밭을 가꿨을 만큼 부지런한 성격을 서술함 3) 아파트 입구의 절구에 대한 동네 사람들의 긍정적인 인식. 인터뷰에 임하는 박선녀 씨의 진지함과 솔직함을 담백하게 서술함 ☞ 아파트 입구의 절구 이미지, 박선녀 씨 인터뷰 이미지 "남편이 잘생겨서 꽃버스를 타고 시집을 왔어요." 1) 박선녀 할머니는 꽃다운 나이 18세에 강원도에서 여래마을로 시집을 오게 됨 2) 남편은 선을 봐서 한 번밖에 못 봤지만 믿음을 가지게 됨. 당시 꽃무늬 버스를 타고 왔던 기억을 회상함 3) 시집올 당시에는 어린 나이였지만 듬직한 남편에 대한 신뢰가 있었고, 꼼꼼한 성격으로 집안일을 금세 배우고 익혀 동네 사람들의 칭찬이 자자했음(일화를 들어 설명함) ☞ 오래된 앨범 속에서 찾은 박선녀 씨와 임종렬 씨(남편)의 이미지 "여래마을에서 우리 아들만큼 착한 사람이 없었어요." 1) 임성택(남, 58세) 소개: 박선녀 씨의 셋째아들. 마을의 중요한 업무를 두루 살피며 주민의 신뢰를 받고 있음을 서술함 2) 과거 박선녀 씨의 심부름을 도맡아 한 착한 아들임을 묘사함: ① 과거 대주아파트 일대가 모두 논이었을 때, 논일을 돕던 아들의 모습 ② 소를 끌고 뒷산에 올라가 풀을 먹이고 왔던 일 3) 심성이 착하고 어른에 대한 공경과 예의바름으로 동네에서도 소문난 바른 학생이었음을 서술함 4) 막내아들이 떡을 좋아해서 박선녀 씨가 튼튼한 돌절구를 구하러 갔던 에피소드 ☞ 막내아들 졸업식 이미지, 살림꾼 할머니의 다듬잇돌 등 이미지 "우리 어머니 오래오래 건강하게 사셨으면 좋겠어요." 1) 박선녀 씨는 아들과 딸 내외 가족과 함께 거주하고 있음(대주아파트, 대가족: 손주 포함)

		2) 며느리와 사위에게 친절하고 상냥하신 박선녀 씨는 가족들에게도 큰 사랑과 존경을 한 몸에 받고 있음을 묘사함. 가족 일원 모두가 곡물을 좋아함 3) 검단의 모자 간 사랑, 할머니를 닮은 절구의 아름다움을 서술함 ☞ 박선녀 씨 가족 이미지, 아파트 쪽마루에 널린 곡물들 이미지
참고자료 1	답사일지	25, 38, 47
	전사 자료	18, 21, 27
	이미지 자료	19-10000, 20-10000, 25-10000, 21-10000 24-10000, 23-10000, 22-10000, 92-10000
참고자료 2	박한준, 「검단의 역사와 문화」, 인천서구문화원 향토문화연구소	
검수	김영순	

위의 개요표는 마을주민의 이야기를 스토리텔링하기 위한 핵심어와 주제들을 배열한 것이다. 그리고 주제 아래에 어떤 내용을 기술할 것인가 하는 서술 내용 개요를 제시했다. 또한 참고자료 1, 2에는 스토리텔링의 리소스가 되는 전사 자료와 포토텔링을 위한 관련 사진 이미지들의 일련번호를 기술했다. 이는 스토리텔러가 용이하게 스토리 작업을 행하기 위해 관련 자료들을 데이터베이스에서 찾기 쉽도록 조치한 것이다.

지금까지 우리는 마을문화 콘텐츠 스토리텔링의 과정과 사례를 제시했다. 첫 단추를 제대로 꿰어야 하듯이, 이 과정은 정확하고 깊이 있는 조사가 필수적인 과정으로 참여관찰법을 응용한 조사와 함께 조사결과를 정보로 가공하는 연구자의 조사가공 기준과 능력을 전제로 진행되어야 한다.

마을문화 스토리텔링 과정은 조사 단계와 자료 가공 단계, 유형 결정 단계로 나눠지며, 조사 단계는 다시 문헌조사, 이미지조사, 현장조사로 구성된다. 자료 가공 단계는 조사 단계의 결과자료를 데이터베이스로 정리하는 단계이며, 유형 결정 단계는 창의성과 사실성을 바탕으로 마을문화 스토리텔링의 유형을 결정하는 단계다. 스토리텔링의 각 과정은 연구의 목적과 내용에 따른 연구자의 의견에 따라야 한다.

이 방법을 통해 스토리텔링을 활용한다면 탄탄한 정보를 바탕으로 이후의 개발과정도 원활하게 진행할 수 있을 것이다. 하지만 만약 스토리텔링이 이처럼 체계적으로 진행되지 않고 주먹구구식으로 눈에 보이는 것만을 대상으로 진행된다면 개발과정에서 재조사를 해야 할 확률이 높으며, 이후 수용자가 향토문화자원을 향유하는 과정에서 마을문화자원에 대해 잘못된 정보와 왜곡된 정서를 얻는 오류를 초래할 수 있다. 따라서 마을문화 콘텐츠의 스토리텔링은 마을문화에 대한 현장조사를 통해 반드시 장기적인 안목을 갖고 체계적으로 진행되어야 한다. 이런 맥락에서 이 책의 2부부터 5부까지는 검단 마을지의 작성 결과를 토대로 하여 마을주민의 이야기를 다시 이야기하는 스토리텔링의 사례를 제시할 것이다.

2부

검단 사람들의
아름다운 사랑 이야기

인천시 서구 검단 사람들은 심성이 곱고 착해서 다른 사람들을 도와주는 것을 좋아하며, 기쁨은 물론이고 고통과 슬픔까지도 함께 나누기를 마다하지 않는다. 풍요로운 자연환경의 은혜만큼이나 마을 사람들에게 서로를 아끼고 사랑하는 마음은 그 자체로 마을의 전통이 되었다. 일제강점기를 거쳐 한국전쟁 이후 배고프고 어려웠던 시절, 꿈과 희망을 잃지 않고 서로의 의지하며 이겨낸 시간들은 여전히 그들의 가슴에 남아 추억이 되었다. 각자의 가슴에만 담아두기에는 너무나 크고 아름답기 때문에 가족 간 사랑에서 피어나는 검단 사람들의 이야기들을 여기에 기록하고자 한다.

4장.
아파트 앞 절구는
누가 가져다놓았을까?

"우리 집이요? 절구를 찾으면 됩니다."

검단 마전동 대주아파트 입구에는 절구가 있다. 둥그렇고 완만한 곡선의 몸통이 마치 아이를 품안에 감싼 어머니의 그것과 같아 보인다. 모르는 사람들에게는 옛날 누가 사용했을지 모를 그저 지나치는 돌덩이에 불과하다. 하지만 대주아파트 최고령 할머니가 50여 년을 사용했다는 그 절구를 아는 사람들은 다 안다.

〈그림 4-1〉 대주아파트 입구의 절구

왜 굳이 그 무거운 것을 입구에 놓았느냐고 했더니 아들이 어머니께서 집을 못 찾으실까 갖다놓았다고 한다.

<그림 4-2> 박선녀 할머니와의 인터뷰

할머니께서는 오래된 앨범 속에서 지난 시간의
이야기들을 하나씩 꺼내놓으셨다. 사진을 하나하나
짚어가며 설명해주시는 손길에 진지함이 묻어나는
듯하다.

절구는 이 아파트 7층에 사는 박선녀(여, 당시 94세) 할머니가 사용하던 것을 그
녀의 막내아들이 옮겨다놓았다고 한다. 할머니는 아흔이 넘은 나이에도 고운 자태
로 미뤄보아 젊었을 적에 마을 장정들의 마음을 꽤나 설레게 했을 듯하다. 얼마 전
까지만 해도 아파트 앞 공터에서 텃밭을 일구고 근처 노인정에 자주 마실도 가셨
는데, 발을 헛디뎌 넘어지신 후로는 조금 불편해하셨다. 그래도 집에서 화초를 키
우시고, 곡식도 말리신다. 비록 외출은 하지 못하시지만 참 부지런한 분이다.

"남편이 잘생겨서 꽃버스를 타고 시집을 왔어요."

박선녀 할머니는 아주 오래전 꽃다운 나이 열여덟에 이곳 여래마을(현재 마전동)
로 시집을 왔다. 강화도에서 여기까지 어떻게 오셨냐고 했더니 배를 타고 염하를
건너 꽃무늬가 그려진 버스를 타고 왔다고 했다.[1] 그 어린 나이에 여기까지 시집

---

1) '염하(鹽河)' 또는 '염하수로'는 강화해협(江華海峽)을 말한다. 이는 인천광역시 강화군과 경기도 김포시
사이의 해협이다. 염하는 북쪽의 월곶과 남쪽의 황산도 사이의 해수면 높이 차가 커서 물살이 빠르다. 이
해협을 가로질러 강화대교와 강화초지대교가 놓여 있다. 염하로 불리는 이유를 인근 주민에게 알아보니
소금처럼 짠 바닷물과 한강 및 인진강에서 내려오는 물이 만조와 간조 시 교차되어 나타나는 수로라서 붙
여진 이름이라고 한다.

〈그림 4-3〉박선녀 씨 남편의 흑백사진
(故 임종렬 어르신) 2009년 5월 9일 박선녀 씨 제공

빛바랜 사진 속의 남편은 그리운 시간 속에 산다. 고인이 된 남편의
사진을 보는 할머니의 눈길이 여전히 다정해 보였다. 대담하고
낙천적이었던 남편이 늘 믿음직스러웠다고 한다.

오셨느냐고 여쭸더니 미소 지으시며 하시는 말씀이 남편이 참 잘생겨서 따라왔다
고 하셨다. 함께 모여앉아 할머니 말씀을 경청하던 가족들이 한바탕 웃는다.

할머니는 시집올 당시 어린 나이였지만, 꼼꼼한 성격으로 집안의 일들과 문
중에서 안사람들이 하는 일을 금세 배우고 익혀 동네 사람들의 칭찬이 자자했다고
한다. 특히 여래마을 제일가는 바느질 솜씨로 식구들 옷은 할머니 손을 거치지 않
은 것이 없다고 했다. 집안 곳곳에는 여전히 할머니의 손길이 느껴지는 물건들이
많이 있다. 지금은 사용하지 않지만, 할머니의 기억을 소중히 여기는 막내아들의
애틋한 마음은 옛날 물건들을 버리지 않았다.

〈그림 4-4〉살림꾼 할머니의 보물

할머니 댁에 가보면 집안 곳곳에 지금은 팔지 않는
물건들이 자연스레 자리 잡고 있다. 한데 모아놓고
보니 과연 살림꾼 할머니의 보물이 분명하다. 여전히
할머니의 온기가 남아 있는 듯하다.

"여래마을에서 우리 아들만큼 착한 사람이 없었어요."

지금은 아파트와 상가로 가득 차 있지만, 당시만 해도 여래마을(현 대주아파트 일대)은 대부분 논이었다. 이곳은 워낙 물이 풍부하고 땅이 좋아서 김포 검단 일대 맛좋은 쌀이 나기로 유명했다. 다른 지역의 쌀과 비교했을 때 같은 무게라도 속이 꽉 찬 검단 여래 쌀이 더 부피가 작았다고 한다. 낱알마다 속이 꽉 들어차서는 씹는 맛이 일품이어서 '임금미'라고 불렀다고 하니 여래 쌀에 대한 명성은 대단했던 모양이다.[2] 인터뷰 내내 옛날을 생각하시는 할머니의 표정에서 과거 여래 지역의 정서를 느낄 수 있었다.

봄에는 땡볕 내리쬐는 논 한가운데에 어른이나 아이 할 것 없이 모두 바지를 걷어 부치고 모내기가 한창이었다. 할머니가 그 옛날에 새참을 머리에 이고 논두렁에 나타날라 치면 거머리에 물리는 게 지겨워 챙겨 신은 여성용 스타킹에 진흙을 덕지덕지 묻힌 채 냅다 뛰쳐나왔던 막내아들의 모습을 기억하고 계셨다.

〈그림 4-5〉 햇살 따뜻한 검단에서 사진을 찍은 날

옛날 앨범을 넘기다가 반가운 사진을 발견했다. 강화도 친정에 가던 길에 검단에서 찍은 사진이라고 하셨다. 지금은 기억이 가물가물해서 어딘지 정확히 기억나지는 않지만, 분명히 즐거우셨다고.

---

2) 임금미란 낱알이 굵고, 맛이 좋아 품질이 일품이란 뜻과 임금님께 진상해도 좋을 최고의 쌀이란 의미를 지니고 있는 것으로 이해할 수 있다. 여래 지역의 어르신들은 여래 쌀에 대한 자부심이 매우 강했던 것으로 판단된다.

박선녀 씨의 막내아들은 심성이 착하고 어른에 대한 공경과 예의가 발라 동네에 칭찬이 자자했다고 한다. 다른 아들들이 김포로 중·고등학교를 다니며 통학하느라 바쁠 때, 막내아들은 검단초등학교를 다니면서 할머니 심부름을 도맡아 하곤 했다. 어느 날은 집에서 키우는 소를 뒷산에 데리고 가서 풀을 먹이고 오라고 했더니만, 저녁 즈음 얼굴이 퉁퉁 부어 울면서 귀가했다. 자초지종을 들어보니 소가 풀을 잘 먹고 놀다가 벌집을 건드려서 벌에 쏘였다고 했다. 이때 막내아들 울음을 그치게 했던 것이 바로 인절미였다. 부드러운 눈이 소복이 쌓인 것처럼 콩고물이 묻은 갓 빚은 따뜻한 인절미 맛은 '꿀맛'이라 표현하는 것으로도 부족하다고 했다.

할머니는 기억이 가물가물하지만 막내아들을 낳은 후 할아버지께서 결혼기념일이라고 절구를 선물했던 이야기를 꺼냈다. 할아버지는 좋은 절구를 구입하기 위해 김포 시내를 다녀오셨고, 그때 당시 쌀 서 말과 절구를 바꿨다고 한다. 돌절구는 김포에서 이곳 여래마을까지 마차로 이동했고, 마차가 덜컹일 때마다 절구에 흠이라도 날까 조바심을 내면서 온 남편을 회상하면서 할머니는 슬며시 막내아들을 바라보았다. 곡식을 찧을 때도, 양념을 빻을 때도, 또 메주를 찧을 때도 절구를 사용했지만, 가장 즐거웠던 때는 막내아들에게 먹일 떡을 만들기 위해 쌀을 찧을

〈그림 4-6〉 큰아들의 졸업식

기다리던 큰아들의 졸업식이었다. 가장 고운 옷을 꺼내 입고 외출한 박선녀 할머니의 표정에는 기쁨이 완연하다. 흑백사진이지만 할머니의 볼이 상기되어 있는 듯해 보인다.

때라고 하셨다.

요즘 세상에 누가 결혼기념일 선물로 돌절구를 선물할 수 있을까? 우리 선조들의 사랑은 어떤 미사여구를 쓰지 않더라도 아름답다. 그리고 그 돌절구로 자신에게 선물을 한 남편보다 막내아들을 위해 떡을 만들어주는 모습 역시 현재 우리 사회의 어머니들 모습과 다르지 않다.

"우리 어머니 오래오래 건강하게 사셨으면 좋겠어요."

현재 대주아파트에 사는 박선녀 할머니네 가족은 막내아들과 딸 내외 그리고 손자까지 더해서 여섯 식구다. 삼대가 함께 모여사니 대가족이라 해도 과분하지 않다. 며느리를 부르는 다정한 목소리와 사위를 챙기는 따뜻한 손길에서 가족을 아끼고 사랑하는 박선녀 할머니의 마음을 느낄 수 있었다.

할머니와 우리 연구팀이 말씀을 나누는 사이에도 차를 끓이고, 과일을 깎아 오고, 할머니의 작은 물건 하나하나 신경써드리는 며느리의 마음도 참 곱다. 머리가 하얗게 세신 할머니 앞에서는 말씀 잘 듣고 상냥한 사위가 어디 흔한가. 막내아들과 큰딸의 마음이야 오죽할까. 이들 가족의 소원은 그저 할머니께서 건강하게

〈그림 4-7〉 어머니를 모시고 가족사진 한 장

늘 보는 가족이지만 함께 사진을 찍으려니 조금 어색한 느낌이다. 그래도 할머니는 마냥 기분이 좋으신 듯하다. 오랜만에 남편 사진도 찾아보고, 아들 옛날이야기도 하니 새심 젊어진 기분이다.

<그림 4-8> 아파트 쪽마루의 오색 곡식들

한쪽으로는 작은 화초들이, 또 한쪽으로는 늙은 호박들이 줄지어 앉아
있다. 쪽마루에 넓게 펼쳐져 있는 곡물들이 할머니의 사랑을 듬뿍 받은 듯
생글생글 웃는 듯한 모습이다.

오래오래 사시는 것이라고 했다.

아파트 베란다 한쪽에 할머니가 펼쳐둔 갖가지 곡물들이 널려 있다. 예전처
럼 곡식을 빻아 맛있는 떡을 해줄 수는 없지만 그 마음만은 여전한 듯하다. 그 옛
날 가을하늘에 새하얀 구름이 두둥실 흘러가고, 곡식이 익어가는 풍요로운 검단의
황금들판을 상상해본다.

지금 돌절구는 할머니에게 집을 가리켜주는 표지판과 같다. 똑같이 생긴 아
파트의 바다에서 '우리 집'을 찾는 데 불을 밝혀주는 등대가 절구인 셈이다. 아들
에게 맛있는 떡을 찧어주던 어머니의 사랑이, 이제는 아흔이 넘은 어머니를 걱정
하고 보살피는 아들의 사랑이 되었다.

5장.
한 많은 인생의 참 벗은 나의 가족

"오래 사니까 이런 것도 보고, 저런 것도 보고…….
빨리 죽었으면 하나도 구경 못했지."

　　마전동 능곡 혹은 능안에서 여래마을 쪽으로 연결된 육교를 건너 검단초등학교 쪽으로 올라오다 보면 작은 텃밭을 앞에 끼고 있는 한 고택을 만나게 된다. 그 집을 자세히 들여다보면 세월의 무게가 그리 큰 것인지 여기저기 수리한 흔적이 남아 있는 것을 쉽게 찾아볼 수 있다. 눈으로 슬쩍 보아도 지붕에, 담장에, 옛날 초등학교 때 교실에서 쓰던 의자까지 있는 것을 보아 족히 50년은 버틴 모양이다. 정확하게 말해 김귀분 어르신 댁은 대주아파트 앞 검단초등학교의 정문 근처다.

　　대문을 조심스레 열고 들어가면 잘 숙성된 토종 된장냄새를 맡을 수 있다. 할머니 한 분이 장독대 뚜껑을 열고 반가운 손님을 맞이하고 있다. 할머니는 지난번 장맛은 어땠는지, 밥은 잘 먹고 다니는지 한동안 못 보고 지낸 자식에게 대하듯 정겨운 질문을 건넨다. 깊게 파인 주름을 한껏 잡아당겨 웃음 짓고 있는 이분은 잔정

〈그림 5-1〉마전동 아랫말의 김귀분 할머니 댁

검단초등학교 바로 옆에 김귀분 할머니 댁이 있다. 50년 이상 한 곳을 지킨 고택이니 만큼 집안 곳곳은 수리한 흔적으로 가득하다. 열린 방문 앞으로 몸이 불편한 아들의 보행보조기구가 보인다.

〈그림 5-2〉김귀분 할머니

김귀분 할머니의 깊게 파인 주름에 지나간 세월이 묻어난다. 힘겹게 살았던 옛날이야기를 하나 둘씩 꺼내놓는 할머니의 눈가에 이슬이 맺히는 듯하다.

도 많고 눈물도 많은 김귀분 할머니다. 연구팀의 책임을 맡았던 필자에게도 집에서 만드신 된장을 손수 싸주셨다.

백발이 성성한 김귀분 할머니는 꽃다운 나이 열아홉 김포에서 시집왔을 때의 이야기를 꺼내셨다.

"내가 예쁘다는 소리를 자주 듣고 살았지, 저 여자 보기 싫다는 소리는 안 듣고 살았어."

당시 모두가 어려웠던 시절, 그래도 밥걱정 한 번 해본 적 없이 자란 김귀분 할머니는 시집올 때까지만 해도 늘 두 볼이 홍조로 물들어 있는 수줍은 처녀였다고 자랑하신다. 하지만 혼인 후에 어려운 살림살이와 가장의 역할까지 도맡아 한데 이어 사고로 몸이 불편해진 아들로 인한 충격까지 그동안 겪었던 힘겹고 어려운 일들과 함께 '한'을 벗 삼아 살아온 시간을 합하면 어느덧 60년이 다 되어간다.

"내가 보따리 장사를 40년 했어요. 고생이란 고생은 다 했죠."

김귀분 할머니는 옛날 생각이 나는지 한숨을 크게 내쉬며 이야기를 시작하셨다. 혼인을 하고 나서 처음에는 큰집에서 함께 살다가 지금 살고 있는 집을 새로 지어서 4년 만에 분가했다. 하지만 분가했어도 큰 일, 작은 일이 있을 적마다 큰집

〈그림 5-3〉 남편과 함께 검단 겨울의 벌판에서

어느 겨울날이었다. 할머니와 할아버지는 눈 쌓인 벌판에서 함께 사진을 찍었다. 언제 적인지는 생각나지 않지만, 먼 길이었고 황량한 들판에 매우 시린 바람이 불었던 것만을 기억하고 계셨다. 이것이 부부가 마지막으로 함께 찍은 사진이었다.

〈그림 5-4〉 신랑 임호택과 신부 최명숙,
그리고 가족들과 함께

김귀분 할머니의 아들 결혼식이다. 착하고 예쁜
며느리를 얻었노라 자랑했던 날이 엊그제 같은데
벌써 20년이라는 세월이 흘렀다. 많은 하객의 축복
속에서 행복한 시간만을 약속했는데…….

의 도움을 많이 받아서 늘 감사하게 여기며 살았다고 한다.

이때 할머니를 힘들게 했던 것은 시대를 앞서 살아가셨던 자유분방한 할아버
지였다. 다정다감하던 모습이 변해서 당신 하고 싶은 일에 심취해서는 집안을 돌
보지 않은 것이다. 살림부터 어려운 집안 경제까지 모조리 책임져야 했고, 게다가
눈에 넣어도 아프지 않을 자식들을 먹이고 가르쳐야 했으니 남들이 안 해본 고생
까지 모두 할머니의 몫이었을 것이다.

할머니는 보따리장사를 시작하셨다. 강화에서 농사지은 채소를 버스에 싣고
인천에 가서 팔았는데, 그때 당시 버스값이 6원이었던 것을 기억하고 있었다. 이
렇게 몇십 년 동안 보따리장사를 하면서 어렵게 아이들을 가르쳤고, 또 부지런히
돈을 모아서 아들이 결혼할 때는 남부끄럽지 않게 좋은 옷, 좋은 음식을 준비할 수
있었다.

아들의 결혼식은 1983년 11월 20일이었는데, 이날을 분명하게 기억하고 계
셨다. 두 사람의 결혼을 축복하기 위해 많은 하객이 왔고, 반듯하게 잘 자란 아들
에게 참 잘 어울리는 예쁜 며느리라는 칭찬에 할머니는 그때만큼 기분이 좋았던
적이 없었다고 했다. 고달픈 인생의 기로에 있었지만, 아들을 잘 키워 장가를 보낼
때의 어머니 마음은 한없이 뿌듯하기만 했다.

"결혼하고 두 달 만에 다쳤어요. 오늘 저녁을 못 넘긴다고…….
가슴이 철렁했어요."3)

1984년 1월, 유난히 추운 겨울날이었다. 앞집 할머니가 오셔서는 너희 서방이 바닥에 뒹굴고 있더라면서 가서 깨우라는 소리에 최명숙 씨는 깜짝 놀랐다. 남편이 정신을 잃고 바닥에 구를 만큼 취한 적은 한 번도 없었기 때문에 이상한 예감이 들어 정신없이 뛰쳐나갔다고 했다.

그런데 이게 웬 날벼락이란 말인가. 그녀가 도착했을 때 땔감을 구하러 산에 갔던 남편은 경운기에서 떨어져 입술이 파랗게 되어서는 거품을 물고 쓰러져 있었다. 너무 놀라서 최명숙 씨는 처음에는 눈물도 나오지 않았다고 했다. 정신을 차리고 상황을 정리해보니 마땅히 이동할 운송수단도 없고 해서 어떻게 도움을 요청하게 된 것이 검단사거리 넘어 목장을 하셨던 아저씨였다. 남편을 그 아저씨 택시에 태우고 김포에 갔는데, 의사가 몇 가지 진찰을 하고 나서 처음 하는 말이 오늘 저녁을 못 넘긴다고 했단다. 하늘이 무너지는 것이 이런 느낌이었던가. 그녀는 생각할 것도 없이 곧장 남편을 공항중앙병원으로 옮겼다. 하지만 그 병원에서도 의사는 남편의 혈압이 계속 내려가서 오늘 저녁을 넘기기 힘들다고 했다.

그녀는 울음을 채 그치지 못하고 김포군청에 일보러 가신 시어머니를 모시고 왔다. 병원에 도착한 김귀분 할머니는 내 아들 죽여도 큰 병원으로 가서 죽일 테니 큰 병원으로 데려가 달라고 해서 간 곳이 한강성심병원이었다. 남편의 병명을 물으니 천에 하나 있는 병이라고 했다. 그 병원의 중환자실에서 일주일 있다가 집으로 돌아왔지만 다시 큰 병원을 찾아가야 했고, 마지막으로 거친 곳이 경희의료원이었다. 경추를 다치는 바람에 신경이 손상되어 수족이 마비되었다고 하여 열 달 동안 밤새도록 주물러서 남편을 퇴원시켰다. 지난 과거를 생각하면 지금도 식은땀

---

3) 이 이야기는 2009년 5월 9일 김귀분 어르신 댁 인터뷰 중 며느리 최명숙 씨의 제보를 바탕으로 한 것이다.

〈그림 5-5〉 사랑하는 남편과 검단초등학교에서

몸이 불편한 남편의 손발이 되어 아픔을 나누고 집안의 힘이 되었던 착한
아내 최명숙 씨와 임호택 씨의 사진이다. 동진의 졸업식 날, 검단초등학교
세종대왕 상 앞에서 다정하게 포즈를 취하고 있다.

이 날 만큼 오싹하다고 했다. 그래도 남편이 지금처럼 생활할 수 있는 것은 시어머
니의 정성 때문이라고 말하는 최명숙 씨의 목소리에는 시모이신 김귀분 할머니에
대한 존경하는 마음이 묻어났다.

그녀는 남편의 사고가 있었음에도 우리 가족이 웃음과 희망을 포기하지 않
았던 이유는 아들 동진이 있었기 때문이었다고 했다. 하루가 다르게 커가는 동진
을 위해 아버지 임호택 씨는 재활운동을 게을리 하지 않았고, 최명숙 씨도 남편을
돕고 시어머니를 모시며 어려운 살림이지만 열심히 꾸려나갔다.[4]

"며느리가 우리 집 보물이지. 며느리한테 너무 고마워요."

여래마을 사람들 중에서 김귀분 할머니 가족을 모르는 이는 없다. 어려운 환

---

[4] 김귀분 어르신은 필자에게 자신의 아들 임호택-최명숙 씨의 장남인 임동진 군의 결혼식 주례를 부탁했고,
   2011년 가을 주안의 인천고등학교 근처 파티움하우스 더 그레이스켈리 예식장에서 결혼식을 진행한 바
   있다.

〈그림 5-6〉 훌륭한 고부상 표창패

"화목한 가정에 시어머니와 며느리로서 부덕과 효행과 우애로서 가정 분위기를 항상 명랑하게 하여 이웃에 모범이 되었기에……" 1991년 김귀분 할머니와 최명숙 씨는 훌륭한 고부상 표창패를 받았다.

경에도 굴하지 않고 자신의 위치에서 꿋꿋이 살아온 이들 가족에게 마을 사람들은 늘 격려의 말을 아끼지 않았다. 그뿐만 아니라 1991년에는 마을 사람들의 추천으로 훌륭한 고부상 표창패를 받기도 했다. 김귀분 할머니는 "없는 살림이지만 남들에게 자랑하고 싶은 보물이 하나 있다면 그건 우리 며느리야"라고 연신 자랑을 하셨다.

　　비가 오면 땅이 굳어진다는 말이 있다. 비가 역경과 시련을 의미한다면, 이러한 고통이 지나간 자리의 굳은 땅은 가족 간의 신뢰와 행복을 의미하는 것일 테다. 행복이란 늘 풍족한 사람들에게 존재하는 것만은 아님을 김귀분 어르신네 가족의 모습을 보면서 깨닫는다. 김귀분 할머니의 노력과 정성의 결실이 이토록 아름다운 가정의 모습으로 나타난 것임을 부정할 이는 아무도 없을 것이다. 필자에게 갑자기 「나무를 심은 사람」[5]의 주인공인 '부피에'가 떠오른 이유는 무엇일까?

---

5) 「나무를 심은 사람」은 1953년 미국 잡지 「리더스 다이제스트(Reader's Digest)」지에 처음 발표된 후 1954년 미국의 「보그(Vogue)」지에 의해 『희망을 심고 행복을 가꾼 사람』이라는 책으로 처음 출판된 작품. 장 지오노의 「나무를 심은 사람」은 나무를 심고 가꾸는 한 늙은 양치기의 외로운 노력으로 프로방스의 황무지가 새로운 숲으로 탄생하고, 그로부터 수자원이 회복되어 희망과 행복이 되살아나는 과정을 그린 이야기다. 간단해 보이는 줄거리 속에 묵묵히 희망을 실천하는 주인공 '부피에'의 모습은 어쩌면 우리 사회에서 없어져가는 희망의 불을 당기는 역할은 아닐까.

〈그림 5-7〉 할머니 사랑해요, 행복한 우리 가족
(사진 좌측이 필자)

"훌륭하게 자란 손자 동진, 그리고 우리 아들과
착한 며느리……." 할머니의 자랑은 계속 이어진다.
넉넉한 살림은 아니지만 서로를 위한 마음으로 한
자리에 모인 가족의 모습이 무엇보다 아름답다.

6장.
고이 간직해둔 아버지의 마음

"목지마을 토담집에 피어난 사랑, 6남매 이야기"

50년 전에만 해도 목지마을은 인적이 드문 한적한 마을이었다. 새벽닭이 울지 않아도 햇살이 비추는 소리에 잠이 깰 정도였다고 하니 조금 과장된 표현이라고 치더라도 참 평화로운 마을이었던 듯하다. 지금은 목지마을의 큰어르신인 정호실 씨께 이곳으로 이사를 와서 가장 좋았던 점을 꼽으라고 했더니 조용한 마을 분위기라고 하셨다. 게다가 마을 인심도 워낙 좋아서 당시 외지에서 이사를 온 정호

〈그림 6-1〉 불로동 목지마을 정호실 씨

"어떻게 찾아가나요?"라고 여쭸더니 김포 금정산 쪽으로 목지 양지말 길을 쭉 올라오면 보인다고 하셨다. 음지말에서 한참을 헤매다가 간신히 찾은 문패라서 그런지 반갑기 그지없다.

〈그림 6-2〉 정호실 씨 댁의 옛 모습

옛날 불로동 뒝개기 양지말이라고 하면 금정산과
장릉산 사이에 안겨 햇볕이 잘 들고 바람이 잘 통해
살기 좋은 마을이라고 소문난 곳이었다고 한다.
그래서 고추농사가 늘 풍년이었는가 보다.

〈그림 6-3〉 정호실 씨와 조영애씨 인터뷰
(사진 우측이 필자)

정호실 할아버지와 조영애 할머니 부부의 꾸밈없는
모습에서 찾아온 손님에게 정다운 모습, 다시 찾고
싶은 고향의 마음이 그곳에 있는 듯하다.

실 씨가 농기구를 빌릴 걱정을 하지 않아도 될 정도였다고 한다.

정호실 씨는 50년 전에 강화도에서 이곳으로 이사를 오게 됐다. 김포로 가고
싶었지만 김포 땅 한 평 값이면 여기 땅 두세 평을 살 수 있었다고 하니 당시 어려
운 살림에 어림도 없는 일이었다. 하지만 이곳으로 이사를 와서 후회한 적은 한 번
도 없었다고 했다.

햇볕 잘 들고, 바람 좋고, 물 좋고, 게다가 사람까지 좋았으니 농사꾼에게 이
곳만큼 매력적인 땅이 어디 있겠냐는 것이다. 정호실 씨는 지금 살고 있는 집에서
50년이 넘게 지내면서 6남매 모두 잘 키워서 가정을 이루고 행복하게 살게 했다고
한다. 원래는 7남매였다고 했다. 강화에 있을 때 맏이가 하나 있었는데, 별거 아닌
감기라고 생각했던 것이 큰 병이 돼서 그만 아들 하나를 잃어버렸다. 그래서 큰아

들 하나, 작은 딸들 넷 해서 6남매다.

이 6남매는 특히 우애가 깊어 마을에서도 소문이 자자했다. 떡 하나가 생기면 자신은 먹지 않고 동생을 갖다준다. 동생은 더 작은 동생에게, 더 작은 동생은 더 아래 동생에게, 결국은 그 떡 하나가 다시 오빠에게 돌아올 만큼 서로를 생각하는 마음이 기특했던 아이들이었단다. 참 작은 집이었고 늘 부족했지만 웃음이 끊이지 않았던 옛날을 회상하는 정호실 씨의 미소가 행복해 보였다.

"우리가 심은 고추를 김포 장에 내다 팔아서 우리 애들 가르쳤어요."

정호실 씨는 집 바로 앞의 텃밭에서 고추농사를 지었다. 고추는 어느 정도 자라면 곁순을 따줘야 한다. 그리고 바람에 쓰러지지 않도록 말짱(지지대)을 박아 서너 번의 줄을 띄워 매줘야 한다. 이뿐인가. 약통을 짊어지고 살 정도로 일주일이 멀다하고 농약을 뿌려줘야 한다. 그래서 고추농사만큼 힘든 농사도 없다고 했다. 감자나 고구마 같은 작물은 병해충이 많이 달려들지 않아 실패할 확률이 작지만, 고추는 조금이라도 한눈을 팔면 바로 탄저병에 걸려버린다. 하지만 정호실 씨의 고추농사는 목지마을에서 따라갈 사람이 없었다. 성실함과 부지런함은 기본이었

〈그림 6-4〉 정호실 씨 집의 정렬된 농기구들

호미, 곡괭이, 갈쿠리…… 나란히 줄맞춰 정리된 모습에서 정호실 씨의 부지런함을 엿볼 수 있다. 언제라도 밭을 갈 준비가 되어 있는 듯 손잡이들이 들쑥날쑥이다.

고, 6남매가 매달려 고추묘목을 보살피니 정호실 씨의 고추밭에는 잡초 이파리 하나 날리는 날이 없었다고 한다. 고추농사를 잘 지어야 농사일을 안다고 할 정도로 고추농사는 매우 까다롭다고 한다. 그래서 고추농사는 협동이 필요하고, 아내와 아들과 딸이 함께 어울려야 하는 가족농사라고 했다.

큰아들은 남자라고 비료를 옮기고 말짱 박는 일을 도왔다. 딸들은 어머니 옆에 쪼그리고 앉아서 곁순 따는 것을 도왔다. 고추는 어느 정도 자라면 가지가 'Y' 모양으로 갈라지는데, 그 밑의 가지는 생기는 대로 모두 잘라줘야 한다. 누구네 밭인지는 모르겠지만 며칠을 그냥 놔두었더니 잡초가 고추 키보다 더 크게 자라 고추가 주인인지 잡초가 주인인지 모를 지경이 되었다고 한다. 정호실 씨는 고추농사가 어려운 게 아니라고 일어나서 밭만 갈 수 있으면 된다고 하셨지만, 손가락 마디마다 잡힌 굳은살과 오래된 상처들은 과거의 이야기들이 거짓말이 아니라는 것을 알려준다.

늦가을 서리가 내릴 때쯤이면 고추 수확이 거의 다 끝나 있어야 한다. 서리를 맞으면 안 되기 때문에 보통은 날이 추워지기 시작하면 고춧대를 잘라놓고 천천히 고추를 딴다. 한 줄에 한 포대씩 나오면 제법 풍년이다. 수확한 고추는 조영애 할

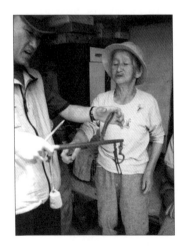

〈그림 6-5〉 저울추와 조영애 할머니

옛날 저울은 귀한 약재를 다는 데 사용하는 천평(天枰)과 같아서 한쪽에 일정한 무게의 추를 놓고 반대편에 측량하려는 물건을 놓아 양쪽이 수평을 이루도록 해서 무게를 판정했다. 조영애 할머니가 사용법을 가르쳐주고 있다.

머니가 잘 골라내고 깨끗이 닦아서 김포 장에 나가서 판다. 고추를 판 돈으로 아이들 입을 옷과 먹을거리를 샀다. 그리고 큰아들은 고등학교, 작은 딸들은 중학교까지 가르쳤다. 그 당시 고추농사로 6남매를 입히고 가르쳤다고 하니 목지마을 제일 가는 농사꾼이라고 해도 과언이 아닐 것이다.

"앨범은 아들 것이지만 내가 갖고 있지. 두고두고 보라고 하는 거지."

정호실 씨는 자식들 이야기가 나오자 한 사람 한 사람 자랑을 늘어놓기에 여념이 없으시다.

"돈은 없었지만……, 아들이 머리는 좋았어요. 김포농고를 나왔는데 예비고사 볼 사람이 딱 두 사람 나왔대요. 그래서 우리 아들이 그때 군수양반이랑 악수까지 했더래요."

〈그림 6-6〉 정호실 씨의 큰아들 정국찬 씨 졸업앨범

정국찬 씨는 1971년 김포종합고등학교를 졸업했다. 이미 40여 년이 지난 것이라 그 세월만큼 빛바랜 앨범이지만, 정호실 씨는 아들의 사진을 곧바로 찾아내셨다.

<그림 6-7> 정국찬 씨의 육군제1하사관학교 졸업앨범

정국찬 씨가 임관식 때 찍은 사진이다. 정호실 씨는 앨범을 보시며
제복을 입은 학생들 중에서도 단연 아들의 모습이 돋보인다고 하셨다.
옛날로 치면 무과에 급제한 셈이니 참 자랑스럽지 않겠냐고 하시며
흡족해하셨다.

옛날 아이들 앨범을 보여주신다고 하며 묵직한 물건들을 힘겹게 들고 오셨
다. 다소 먼지가 쌓여 뿌옇게 된 겉장을 소매로 쓱쓱 문지르시고는 한 장 한 장 손
수 앨범을 넘기시는 손길에 아버지의 사랑이 묻어났다.

"어디를 가서 맛봐도 우리 어머니 장맛은 못 따라가요."

정호실 씨의 큰아들 정국찬 씨는 목지마을에서 알아주는 효자다. 늘 한결같

<그림 6-8> 목지마을 부모님 댁을 가리키고 있는
정국찬 씨

불로동에서 미꾸라지탕(추어탕)으로 유명한
불로셀프농장에서 정국찬 씨를 만났다. "거기를
됭개기라고 불러. 옛날에 넘어 다니기 힘들었다고
그래." 부모님이 계신 목지 쪽을 가리키며 웃고 있다.

이 부모를 생각하는 마음은 근방에서 정국찬 씨를 따라갈 사람이 없다고 했다. 불로셀프농장에서 만난 그에게 목지마을 고추농사 이야기를 꺼냈더니 금세 함박웃음을 지으며 그의 부모님 이야기로 도통 끝이 나지 않는다.

정국찬 씨가 자랑하는 목지마을 제일의 고추는 아버지 정호실 씨의 작품이라고 했다. 특히 어머님이 담가주시는 고추장은 대한민국 어디를 가도 맛볼 수 없는 깊은 맛이 담겨 있다고. 물론 그 깊은 맛의 비밀은 부지런하고 성실한 정호실 씨의 정성에 있는 것일 게다. 게다가 자식을 사랑하는 부모의 마음으로 기르고 담근 고추장이니 맛보지 않아도 밥도둑이 따로 없을 것이다.

불로동 목지마을 양달말 정호실 씨의 고추농사가 금년에도, 내년에도 그리고 앞으로도 풍년이기를 바라는 마음이다.

3부

검단 사람들의
조상을 기리는 마음

"**잘**되면 내 탓, 잘 안 되면 조상 탓"이라는 말은 이곳 검단에서는 예외다. "잘되면 조상 탓, 잘 안 되면 내 탓." 이 말은 곧 조상을 하늘처럼 여기며 사는 검단 사람들의 아름다운 마음이다. 검단에서는 한국의 전통적인 마을공동체에서 나타나는 조상신 숭배 현상을 곳곳에서 볼 수 있다. 민속학적 의미에서 조상신 숭배란 부모나 조부모와 같이 피를 이어준 조상들의 혼령도 가택신의 하나로 받들어온 일상의례를 말한다. 여기에는 그들에 대한 형식적인 제사나 시제는 물론 일상생활에서 조상을 기리는 아름다운 마음도 포함된다.

검단 사람들의 조상을 기리는 아름다운 이야기 세 가지를 여기에 적는다. 그들의 일상에서 조상이 지니는 사랑의 무게는 결코 가볍지 않다. 현대를 살아가는 우리에게 조상을 기리는 '효'의 마음은 막장 드라마에 나오는 '핏줄'의 희화화를 창피하게 만든다. 조상은 그들에게 또 다른 하느님이다.

7장.
고문서를 통해 조상과 소통하다

**"농사를 천직으로 알고 살았어요.
제게 중요한 건 부모님 모시고 고향을 지키는 것입니다."**

황골마을의 500년 묵은 느티나무 있는 골의 햇볕 잘 드는 곳에 가보면 주황색 지붕에 빨간 벽돌집을 한 채 찾아볼 수 있다. 이 집은 늘 대문이 열려 있는데, 주인 아저씨가 천성적으로 부지런해서 대문이 닫혀 있는 것을 본 이가 없다는 이야기다. 대체 어떤 분인가 했더니 고문서를 많이 가지고 있기로 동네에 모르는 이가 없

〈그림 7-1〉 대곡동 신상철 씨 옛 집터

황골마을의 200년 묵은 느티나무가 지켜주고 있는 대곡용궁굿당 자리는 신상철 씨 가족이 예전에 살던 집터였다. 부모님과 함께 살았던 그곳은 신상철 씨의 어릴 적 기억이 남아 있는 추억의 장소다.

<그림 7-2> 빨간 지붕과 신상철 씨

황골마을의 500년 묵은 느티나무를 등에 업은 언덕 위의 주황색 지붕이 신상철 씨가 사는 곳이다. 조상 대대로 살았던 곳이라 더욱 애착이 간다는 그는 조상을 존경하는 마음으로 고문서를 읽는 농부다.

는 신상철 씨였다.

신상철 씨가 고등학교를 졸업할 당시(1974년) 아버지가 고혈압과 간질환으로 일을 못하게 되셨다. 식구는 할머니, 양친부모, 동생 넷에 신상철 씨까지 합해서 모두 여덟이었다. 서울에서 검찰공무원으로 잘 살고 있는 형님에게 기댈 수는 없었으니 신상철 씨가 부모님을 도와 농사를 짓게 된 것은 정해진 운명이었을지도 모른다.

직업에서 선택의 여지가 없었다고는 하지만, 부지런하고 성실한 신상철 씨에게 농사는 천직이었다. 새벽녘 하늘이 밝아오기 전부터 일어나 호미, 괭이, 삽 등 농사 연장을 두루 점검하고 밭에 나갈 준비를 한다. 밭에 씨를 뿌리고, 잡초를 뽑아야 하고, 거름도 만들어줘야 한다. 김을 매고, 물길을 내어 물을 대며, 제초약을 뿌려 병충해도 없애야 한다. 농사일이라는 것이 어디 적당히 할 수 있는 것이던가. 흙은 거짓을 말하지 않는다. 부지런한 사람에게만 자연의 결실을 준다.

신상철 씨는 농사일에 전념하다 보니 고향을 지키게 되었다며 겸손하게 지난 이야기를 꺼냈지만, 그의 삶은 황골마을을 사랑하고 아끼는 지도자의 길이었다. 1982년 새마을지도자가 되어 마을에 봉사하게 되었다. 이를 시작으로 1985년 그의 나이 35세에 마을 이장을 맡아 면사무소, 군청 등을 찾아다니며 마을의 도로포장에서부터 가로수, 배전선로지중화 사업 등 마을 일을 두루 맡아했다. 농협, 축협의 대의원은 수차례 맡아 기억나지 않을 정도이고, 농협 이사, 검단2동 통장단협의회장 등으로 활동하며 지역사회의 발전을 위해 봉사하고 헌신하는 삶을 살았다.

"조상 대대로 살아온 곳입니다. 그만큼 이야기도 많고 애정도 깊은 곳이죠."

평산신씨(平山申氏) 34대손인 신상철 씨는 자신의 고향과 지역에 대한 애정이 각별했다. 1,500여 년 전부터 조상 대대로 황골마을에 자리 잡고 살았으니 500년을 지킨 땅에 대한 애틋한 마음이야 설명이 필요할까.

"지금은 한 마지기, 두 마지기 그러잖아. 아마 100년 전에는 한 마지기가 아니라 한 두락, 두 두락 그랬던 거 같아.[1] 그런데 거기가 '백 두락'이었는가 보지. 궁게 거기가 '배두리'가 된 거야. 요 앞에 개똥논 바로 밑에가 '배두리'라고 그랬어."

〈그림 7-3〉 황골마을을 설명하는 신상철 씨

1500년대 후반부터 황골마을에는 평산신씨가 집성촌을 이루고 살았다고 한다. 신상철 씨가 어렸을 때만 해도 황골마을 주민은 대부분 평산신씨였고, 타성은 대여섯 정도밖에 안 되었다고 했다.

---

1) 원래 마지기를 한자로 '두락(斗落)'이라고 한다. 이는 한 말〔一斗〕의 씨앗을 뿌릴 만한 면적을 뜻하는 것으로, '마지기'란 '말〔斗〕 짓기'의 '말' 자에서 'ㄹ', '짓' 자에서 'ㅅ'이 빠져나간 표현이며, 두락은 한 말, 두 말 할 때의 두(斗)와 씨앗을 뿌리는 낙종(落種)에서 두(斗) 자와 낙(落) 자를 취한 표현이다. 마지기의 유도 단위(誘導單位)로 한 되〔升〕지기, 한 섬〔一石: 20斗〕지기 등의 표현이 있다(민족문화대백과사전).

〈그림 7-4〉 고이 간직하고 있는 선조들의 연습장

신상철 씨의 선조들이 글씨 쓰는 연습을 했던
연습장이라고 한다. 빼곡히 가득 들어차 있는 붓글씨들
속에서 선조들의 학문에 대한 열정과 노력이 느껴지는
듯하다.

지명 하나를 물어봐도 막힘없이 술술 풀리는 것이 과연 토박이구나 하는 생각이 절로 든다.

황골마을 이야기를 한참 하다가 신상철 씨가 조심스레 들고 와 보여주는 것이 있었다. 무엇인지 살펴보니 세월의 시간을 그대로 머금어 해지고 그을린 듯 색이 바랜 고문서들이었다. 빼곡한 글씨로 가득 들어차 있는 고문서를 한 장 한 장 넘기면서 설명하는 그의 목소리에는 선조들에 대한 존경하는 마음이 묻어났다. 관리는 다소 허술했지만 몇 번이나 읽고 연구했던지 고문서를 설명하는 신상철 씨는 이미 전문가 수준이었다.

"상여를 매고 단 한 번도 쉼 없이 함경도서부터 검단까지 걸어왔다고 해요."

신상철 씨의 12대조 할아버지는 그 당시 함경도 병마절도사를 지낸 약천 남구만(南九萬)의 부관으로 근무하시다가 민심을 어지럽히는 여진족을 소탕하는 과

<그림 7-5> 도총부도사신군묘표

약천 남구만이 함경도 병마절도사를 할 때 부관으로
있던 신상철 씨의 12대 할아버지의 죽음을 안타깝게
여겨 적어준 글이다. 역사적인 자료로 가치가 있어
서구문화원에서 복원했다.

<그림 7-6> 도총부도사신군묘표 사본

신상철 씨의 부탁으로 서구문화원에서 고문서를 원형
그대로 복원한 후 사본으로 만들어준 책자다. 고문서를
자주 들여다보고 연구하는 신상철 씨에게 고문서의 사본은
반가운 것임에 틀림없다.

정에서 돌아가시고 만다. 이때 남구만이 슬퍼하며 내린 글이 '도총부도사신군묘
표'다.

이 고문서는 신상철 씨의 부탁으로 특별히 복원하게 되었는데, 서구문화원에
서 친절하게도 사본까지 만들어주신 덕에 신상철 씨가 매일같이 보고 연구할 수
있게 되었다고 한다. 내용을 살펴보면 참 재미있는 이야기가 많다. 일례를 들면 함
경도에서 검단까지 상여를 매고 걸어왔다고 하는데, 한 번도 상여를 내리지 않고
쉼 없이 오류동까지 왔다고 하니 그때의 교통 사정으로 미뤄볼 때 놀라운 일이 아
닐 수 없다.

게다가 12대조 할아버지의 손자(신상철 씨의 10대조 할아버지) 되시는 분이 이곳 황

〈그림 7-7〉 검단면 대곡동 향약

일제강점기 때 증조할아버지가 기록했던 향약계원 명단
원본이다. 당시 향약에 가입한 검단 대곡리 일대 사람들의
이름, 본관, 생년 등이 기입되어 있다.

〈그림 7-8〉 검단면 대곡동 향약 사본

향약계원 명단의 사본은 원본보다 보기 편하게
구성되었다. 글씨가 양면에 있었고, 얼룩이 많아 보기
힘들었던 원본보다 깨끗하고 단면이라 보기 좋다.

골에 사시면서 매일같이 그분 묘소를 찾아가 예를 다했다는 이야기는 놀라움에
감동을 더한다. 여기에서 오류동으로 가려면 간약골고개를 넘어야 했는데, 신상
철 씨의 10대조 할아버지의 이야기로 간약골고개가 효자고개로 불리기도 했다고
한다.

고문서를 읽어주는 신상철 씨의 표정이 사뭇 진지했다. 또 하나 복원한 고문서
가 있었으니 '향약계원 명단(簿)'이라고 했다. 신상철 씨 증조할아버지의 문서였다.

이것은 일제강점기 때 증조할아버지가 총무를 보셨던 검단면 대곡리의 향약
계원 명단을 기록한 것이다. 당시에는 "우리 동네 누구누구 살면 같이 하자"고 하
여 계를 묶어 활동했다. 그래서 옛날에는 '의무계'라고 해서 초상이 나면 의무계원

들이 공동으로 상을 치르기도 했단다. 그 고문서에는 계원의 이름과 본관, 생년을 기록한 내용이 참으로 체계적으로 정리되어 있어 서구문화원에서도 복원하는 과정에서 감탄을 금하지 못했다고 한다.

고문서를 읽고 설명해주시는 신상철 씨의 진지한 모습에서 숙연함을 느낄 수 있다. 고된 농사일에 굳은살이 단단히 잡힌 손가락으로 고문서 속의 한자를 한 글자 한 글자 짚어주실 때마다 조상을 섬기는 마음과 흙냄새가 함께 어우러져 풍긴다. 그는 황골마을에서 고문서를 읽어주는 친절한 농부다.

8장.
조상을 섬기는 마음이 하늘에 닿아

**"우리가 와서 다 기틀을 잡은 거야.
그래서 여기 집들이 옛날부터 늘지도 않고 줄지도 않았지."**

예부터 원당동 능굴마을이라고 하면 바람도 머물다 간다고 할 만큼 경관이 좋은 곳이었다. 고산과 가마산이 서로를 감싸 안은 곳에 위치해 있으니 참 살기 좋은 곳이라 '양반마을'이라고 불렀다.

"문만 열면 능굴 모든 산수가 내 정원 안에 들어오니 이보다 더 좋을 수는 없지."

김병학 씨는 이곳에 5대째 살고 있는 토박이로 그전에는 가마고개 넘어 걸어서 20분 정도 되는 원당마을에서 살았다고 했다.

본래 원당에는 풍산김씨(豊山金氏) 집성촌이 있었다. 고려 말 조선 초(1390~1410)에 개성에서 원당리 고산하로 이주하여 이곳의 생수답(生水畓)인 가마논을 중

〈그림 8-1〉 김병학 씨 댁 전경

김병학 씨 댁은 가마고개를 넘기 전 능곡마을 중앙의
바람도 쉬었다 갈 만큼 한적한 곳에 위치해 있다.
작은 연못에는 천둥오리가 헤엄치고, 정원마당에는
아이들이 뛰노는 평화로운 풍경이다.

〈그림 8-2〉 집안 내력을 설명하는 김병학 씨

옛날부터 원당에 살았던 풍산김씨 가문의 내력을 설명하고 있는 김병학
씨의 모습이다. 5대째 능골에 살면서 아버지, 할아버지에게 들은 근방
지명유래 이야기를 풀어놓으신다.

심으로 세거지를 형성하여 당시 김포지역의 토호(土豪)로서 정착했다고 한다.

　　원당리 가마논은 원당 일대의 농사는 모두 이곳의 물을 이용하여 지었을 만
큼 1년 내내 수원(水源)이 풍부했고 해마다 풍년이 들었다. 풍산김씨 집성촌은 과
거에는 김포까지 해서 300여 가구, 원당에만 50여 가구가 살았다고 한다. 앞집, 뒷
집 모두 친인척 관계였던 셈이다.

　　김병학 씨 집은 원당에서 고개 너머 능굴에 터를 잡았고, 이곳의 대소사를 맡
아 주관하게 되었다. 또한 넉넉하지 못한 마을 사람들에게 소작을 주고, 집을 지어
주었다. 이곳 능곡마을의 집들이 옛날부터 늘지도 않고 줄지도 않은 데는 이유가

있었다고 했다.

"김포 장릉 원종대왕릉을 마지막으로 참봉하신
양반이 우리 할아버지야."

　　김병학 씨의 서재에 가면 박물관에서나 볼 수 있는 고문서들을 많이 볼 수 있다. 빛바랜 색과 절첩장(折帖裝)의 제본방식만 보아도 족히 100여 년은 넘었을 것으로 추정할 수 있다. 한국전쟁 때 이곳에 중공군 사령부가 들어앉아 유실된 물건들만 없었어도 훨씬 더 많은 문서와 골동품들을 볼 수 있었을 것이라고 한다. 이 같은 고문서들은 옛날 조상들의 행적을 좇을 수 있는 중요한 사료라고 했다.

　　김병학 씨의 조부는 김포의 원종대왕릉(장릉)을 마지막으로 참봉(參奉)하신 분이었다. 조선의 16대 왕 인조(仁祖)가 생부 원종대왕의 능을 이장할 때의 이야기, '구두물'의 전설, 계양구 '목상'동의 유래 등 조부님은 세상에 잘 알려지지 않은 이

〈그림 8-3〉 김병학 씨의 서재에서 고문서 발견

김병학 씨의 서재에 가면 그 빛바랜 색이 지나간 시간을 증명하는
고문서들을 볼 수 있다. 한국전쟁 때 유실되지만 않았으면 더 많은 책과
골동품들을 보여줄 수 있었을 거라며 아쉬워하셨다

〈그림 8-4〉 김병학 씨의 조부

인천 자유공원 맥아더 장군 동상 앞에 서계신 분이 바로
김병학 어르신의 조부인 김봉흠(金鳳欽)이다. 지역에 대한
관심과 열정으로 여러 사회활동에 적극적이셨다고 한다.

야기들을 틈틈이 들려주셨다고 한다.

　　김병학 할아버지가 기억하는 조부는 검단면 2대 면장을 역임했고, 지역사회 발전을 위해 여러 가지 활동을 하셨다고 했다. 조부의 열정이 있었듯이 김병학 할아버지 역시 지역사회에 많은 관심을 가지고 있다. 검단 지역이 김포였을 때 김포군 행정자문위원, 김포문화원 부원장을 역임하는 등 지역문화를 지키고 보존하기 위한 노력을 아끼지 않았다.

"가급적이면 나는 여기를 안 떠나려고 해요. 고려 적부터 600년을 살았잖아."

　　원당동에는 검단이 자랑하는 인천 지역에서 유일하게 600여 년간 원형이 잘 보존된 지방호족의 묘역인 '김안정 묘 및 출토 묘비'가 있다. 묘역에는 묘갈(구비)을 비롯한 묘비(신비), 상석, 향로석, 혼유석, 망주석, 인물석상 등의 석물 원형이 잘 보존되어 있다. 묘갈에 기록된 비문에 의하면, 원비(구비)는 1634년에 세웠는데

〈그림 8-5〉 김병학 씨 형제 그리고 아버지

김병학 씨는 삼남매 중 장남이다. 사진에서 왼쪽에 아버지, 중간에 동생, 오른쪽에 김병학 씨의 젊을 적 모습이 보인다. 햇살 좋은 날 집 앞에서 찍은 사진이라고 하셨다.

조선 초 정조 10년(1786)에 다시 세우고 원비는 매립했다고 한다. 그리고 이 구비는 2005년에 발굴되어 원위치에 재설치되었고, 현재는 인천광역시 기념물 제57호 문화재(인천 시보 2009년 8월 24일 참조)로 지정되어 보존 · 관리되고 있다.

하지만 처음부터 김안정 묘역이 역사적 가치를 인정받아 문화재로 보호받을 수 있었던 것은 아니었다. 1999년부터 시작된 원당동 토지구획정리사업의 일환으로 문화유적 발굴조사가 시행되는 과정 중 2003년 묘역 일대에서 '신석기 유적지'가 발견되었고, 2004년 문화재청에 의해 '문화재보존지역'으로 선정되었다. 김안정 공 묘역은 원당리에 정착한 풍산김씨 후손이 선조를 모시는 마음으로 소유하고 있던 유품으로 묘역을 만들어 현재까지 매년 음력 10월 15일 시제사를 모시고 있는 곳이다. 이처럼 조상을 모시는 마음이 지극한 후손에 의해 묘의 인근에 매립되어 있던 구비(묘갈)가 출토되었고 '인천광역시 기념물 제55호'로 지정 예고되어 있다가 최근(2009년 8월 24일)에서야 인천광역시 기념문화재 제57호로 지정되었다.

김병학 씨는 김안정 묘역이 문화재로 지정되기까지의 여정은 결코 쉽지 않았다고 했다. 묘역이 개발구역에 포함되다 보니 여러 가지 분쟁사건이 있어 법원에도 수차례 다녀와야 했고, 늘 묘역 주위를 떠나지 않고 지켜야 했다고 한다.

"저 묘가 없어지면 뿌리가 뽑히는 것이라……."

가장 힘들었던 것은 마을 사람들과 문중 사람들을 설득하는 것이었다고 했다. 또한 선문대학교 동양고고학연구소에 묘역에 대한 학술연구를 의뢰하여 「인천광역시 서구 원당동 고려 삼사좌윤 김안정 선생 묘역 실측조사」 자료를 간행(刊行)했다. 지금도 김안정 묘역에 대한 자료를 체계적으로 분류하고 있고, 또한 기존 자료들을 정리한 내용을 바탕으로 연구를 계속 진행하여 관련 저서를 집필하고 있다고 했다. 이 같은 김병학 씨의 노력과 정성으로 검단의 자랑인 '인천광역시 기념 문화재 제57호'를 탄생시켰다.

〈그림 8-6〉 고려 삼사좌윤 김안정 선생 묘역 실측조사 보고서

2009년 8월, 인천시 서구 원당리 소재 김안정 공 묘갈은 인천광역시 문화재 제57호로 지정·고시되었다. 사진 속의 조사보고서는 이 묘역을 지키고자 했던 김병학 씨의 노력의 산물이다.

"얼마 전에 우리 어머니 백수연 잔치를 했어. 아직도 정정하시지."

김병학 씨 집안은 검단 지역에서 대대로 이름난 장수집안이다. 현재 2010년 기준 김병학 어르신 어머니의 연세가 백다섯이시고, 조부도 아흔셋까지 생존하셨다고 한다. 백수를 누리시는 장수의 비결은 무엇보다 쾌적한 자연환경, 넉넉한 집안 경제, 적절한 농사 노동, 그리고 무엇보다 긍정적인 인간관계에 있다고 한다. 특히 직접 기른 채소를 챙겨 먹는 건강한 식습관과 부지런히 움직이고 걷는 꾸준한 운동이 장수 비결이라고 한다. "지금 우리 막내고모가 아흔일곱인데 경로당에서 뛰어댕기셔" 하시면서 은근히 장수집안을 자랑하신다.

김병학 씨는 몇 년 전 노모의 백수연 잔치를 했던 날을 기억하고 있었다. 일가친척들을 비롯해서 아들과 딸, 며느리와 사위, 손자에 증손자까지 한 자리에 모

〈그림 8-7〉 구순인 여사 백수연 기념사진

김병학 씨의 어머니(구순인)의 백수연 기념사진이다. 친척 일가의 모든 사람이 축하하는 마음으로 모여서 어머니의 만수무강을 기원하고 즐거운 시간을 보냈던 기억을 사진 속에 담았다.

〈그림 8-8〉 김병학 할아버지 모자 인터뷰
(사진 좌측이 필자)

김병학 씨가 어머니를 극진히 공양하고 사랑하는 마음이 어머니가 장수하시는 비결인 듯하다. 늘 어머니의 건강을 챙기고 관심을 갖는 모습에서 효의 지세를 배운다.

이니 그렇게 즐겁고 행복한 날은 없었다고 했다. 모두가 어머니 생신을 축하했고, 오래오래 건강하시기를 진심으로 기원하는 자리였다.

　　오늘도 원당마을 한 집에서 백발의 두 모자(母子)가 사이좋게 서로를 챙겨주고 있는 모습을 상상해본다. 원당마을이 풍요롭고 살기 좋은 이유가 여기에 있다.

9장.
조상님을 자랑스럽게 여기다

"우리네가 광명마을에…… 9대손 할아버지부터 정착하셨으니까, 한 500년은 되었네."

인천 영어마을에서 제림산 쪽으로 올라오다 보면 검단 토박이들은 다 안다는 당하동 느티나무가 보인다. 그 일대를 '광명'마을이라고 부르는데, 마을 중심부에 마을회관이 있어서 마을에 작은 일, 큰 일이 있을 때마다 모여서 논의도 하고 산고사를 지내기 전에 함께 음식을 준비하며, 또 바로 옆 느티나무에 제사를 지내기도 한다. 둘레를 재자면 어른이 두 팔 가득 둘러도 모자랄 당하동 느티나무를 식수(1647. 4)한 사람은 심오섭 씨의 9대손 할아버지셨다. 거의 500년 가까이 된 수령으로 마을 어른으로 따지자면 이 느티나무에 견줄 것이 없다고 하겠다. 그래서 사람들은 이 느티나무를 광명마을을 지켜주는 신성한 존재로 여긴다.

당하동 351번지는 당하동 느티나무의 소재지이자 심오섭 씨 댁의 주소지이

<그림 9-1> 광명마을 심오섭 씨 내외 분

청송심씨 심오섭 씨는 집안 대대로 광명마을 토박이다. 그의 아내 권중숙 씨는 옆 동네 매밭 안동권씨(安東權氏) 집안에서 시집왔다. 이 부부는 한평생 마을일을 도맡아 하고 있다고.

기도 하다. 광명마을은 청송심씨(靑松沈氏)의 집성촌으로 심오섭 씨가 13대손이라고 하니까 근 500년 가까이 살아온 셈이다. 심오섭 씨를 따라 집 안으로 들어갔더니 삼태기, 맷돌, 나무절구, 밀짚모자, 호미, 낫 등 집안 여기저기에서 흙냄새가 물씬 풍겼다. 대대로 농사를 지으셨구나 했더니 심오섭 씨의 조부 대까지만 해도 농사일을 모르고 사셨다고 했다. 김포를 지나 대곶면 위로 60만 평 정도 토지가 있었는데, 그 땅을 빌려주고 나오는 경작물을 받아 생활한 것이다. 그런데 한국전쟁 이후 정부의 토지개혁으로 소작농들에게 등기를 내주고 몇 년 상환으로 보상을 받으면서 남은 땅이 이곳뿐이어서 그때 아버지를 따라 농사일을 배우기 시작했다고 한다. 열한 남매 중에 첫째하고 넷째는 한국전쟁 때 돌아가시고, 둘째하고 셋째는 병환으로 일찍 세상을 떠났다. 그리고 다섯째가 심오섭 씨이고, 밑으로는 동생들이었다.

"그래서 내가 심'오'섭이야."

다섯 오(五) 자가 이름 가운데 들어간 연유가 이러했다.

<그림 9-2> '용건만 간단히' 다이얼 전화기

심오섭 씨 댁에서 옛날 다이얼 전화기를 발견했다. 요즘 같은 전자식 버튼 전화기가 아닌 번호가 찍혀 있는 구멍을 돌리는 식이다. 가운데에 '용건만 간단히'라는 문구가 참 인상적이다.

심오섭 씨는 옛날 물건들을 하나도 버리지 않았다. 마치 근현대 박물관을 연상시키듯 시대를 가로지르는 물건들이 깔끔하게 정돈되어 있는 모습이 인상적이었다. 그중 특이했던 것은 마치 지금도 울릴 것 같은 모양의 다이얼 전화기였다. 먼지 하나 없이 깨끗한데다가 지금도 사용하는 양 TV 옆에 위치해 있으니 단번에 눈에 띄는 물건이었다. 심오섭 씨는 그 전화기는 고장 났다고 하시며 겸연쩍게 웃으셨다. 어렸을 적에 전화를 빨리 걸겠다고 중앙에 동그란 번호 구멍이 제자리로 올 때까지 기다리지 않고 힘으로 다시 돌렸다가 고장 났다고 했다.

"우리 할아버지가 이 동네 근처 사람들을 다 사랑에 앉혀놓고 한문을 가르쳤어요."

심오섭 씨는 옛날 앨범 속에서 조부의 사진을 꺼내어 보여주셨다. 사진 속의 조부님은 근엄한 선비의 모습이다. 심오섭 씨는 조부 사진을 보면 여전히 가슴이

두근거린다고 했다. 굳게 다문 입술을 무겁게 열고 공부하라고 꾸지람하시는 조부
께 긴 담뱃대로 머리를 두들겨 맞은 기억을 지금도 잊지 않고 있다.

"그 당시에는 할아버지고 아버지이고…… 공부 열심히 하라고 회초리로 때리시
니까 미웠지."

심오섭 씨의 조부는 3.1운동에 참가하셨을 만큼 정의감을 가슴에 품은 강직
한 분이셨다. 또한 지역사회에 대한 관심과 열정으로 봉사활동도 많이 하셨다고

〈그림 9-3〉 심오섭 씨의 조부

심오섭 씨의 조부(심영택)는 확고한 교육철학을 가지고 계셨다. 시간이
날 때마다 사람들을 모아놓고 한문을 가르쳤으니 조부님의 집은 늘
배우고자 하는 사람들로 문전성시를 이뤘다고 한다.

〈그림 9-4〉 건국훈장 애족장
(1995년 8월 15일)

1995년 8월 15일, 광복절을 맞아 심오섭 씨의 조부
앞으로 훈장증이 내려졌다. 3.1운동에 참가하시어 국가의
자주독립과 발전에 이바지한 바를 인정받아 수여된
것이다.

한다. 특히 마을에서 아이들을 모아놓고 한문을 가르치셨는데, 소문을 듣고 각지에서 사람들이 찾아오는 통에 사람이 많아서 마루에, 또 마당에 자리를 깔고 수업을 해야 했다. 그래서 김포 사람 치고 심영택 이름 석 자를 모르는 사람이 없었다. 심오섭 씨의 목소리에는 조부를 존경하는 마음이 가득 했다.

"옛날 사진들? 그거는 내가 시방 회관에 보관하고 있지. 들어와서 보면 알아."

광명마을의 역사라고 한다면 심오섭 씨가 살아온 인생을 빼고는 설명할 수 없다. 그 옛날 9대조 선조부터 지금에 이르기까지 광명마을에서 대대로 살아왔기 때문에 누구보다 마을 일을 잘 알고 있을 터였다. 심오섭 씨의 마을 사랑은 마을의 옛날 사진들을 정리하고 모아놓은 것으로 증명된다. 마을회관에 들어가면 심오섭 씨가 옛날 소를 키웠을 때 사진부터 당시 서구청장 주례로 마을회관 앞에서 야외 결혼식이 있었던 사진까지 잘 정리된 앨범을 볼 수 있다. 앨범이라고 해야 옛날 편지지에 사진 한두 장 붙여서 만든 것이지만, 사진마다 손수 설명을 달아놓은 정성에 절로 입이 벌어진다. 1985년 새마을 기공식, 1987년 박규식 국회의원이 도로포장 공약으로 연설했던 장면, 마을회관에서 주민 반상회로 마을의 대소사를 의논했던 모습 등 사진이 이야기한다는 것은 이를 보고 하는 말이다.

심오섭 씨는 앨범을 차례로 넘기면서 옛날 광명마을에서 있었던 일들을 어제 일인 양 생생하게 이야기하셨다. 광명마을에서 주민 자율 방범대가 조직된 것은 1990년대였다. 마을의 자치적인 치안질서유지를 위해 청장년들이 자진해서 마을을 순찰하며 농·축산물 도난을 방지·예방하고, 아이들의 등하굣길을 보호하는 등 마을 사람들의 안전한 생활을 위해 봉사하는 일을 했다. 당시 심오섭 씨도 새마을 모자를 쓰고 마을 순찰을 돌며 열심히 활동했다고. 마을 지킴이로서 순찰을 돌던 그때를 기억하는 것만으로도 가슴이 훈훈해진다고 했다.

농민교육의 날도 심오섭 씨에게 빼놓을 수 없는 기억이다. 겨울철 농한기가 되면 농촌지도소에서 동계 농민교육이라 해서 농민들에게 영농교육을 시행했다. 광명마을에서는 회관에 모여 교육을 받았는데, 재미있는 건 선생님이 가르쳐주는 농사기술 내용보다 마을 사람들이 함께 모여 있는 것 자체가 즐거웠다고 한다. 어떤 사람은 고구마를 쪄오고 어떤 사람은 묵을 쳐오는가 하면 어떤 사람은 막걸리를 사와서는 교육이 끝난 후에 조촐하게 잔치도 벌였다. 그때 배운 것들은 언젠가는 유용하게 써먹었겠지만, 가장 좋았던 건 추운 겨울이기에 더 따뜻했던 광명 마을회관에서의 회동이었다.

〈그림 9-5〉 광명마을 주민 자율 방범대 발대식

광명 마을회관이 건립되기 전의 모습이다.
광명마을은 새마을 시범부락으로 선정되어
도로포장사업, 광명교 재설치 등 여러 가지 지역사회
활동을 하게 된다. 사진 속 마을 사람들이 분주해
보인다.

〈그림 9-6〉 광명마을 농민교육의 날

매년 추운 겨울바람에 따뜻한 아랫목을 파고들 때면
'농민교육'의 날이 시작된다. 그때는 농사기술을
배우는 것보다 마을회관에 모두 모여 앉아 담소를
나누는 즐거움이 더 컸다고.

<그림 9-7> 광명마을 부녀회

분홍색 저고리에 개나리색 치마를 곱게 차려입은
여성분들이 광명마을의 자랑인 꽃봉오리부녀회다.
마을에서 일어나는 큰 일이든, 작은 일이든 광명마을
부녀회를 거쳐가지 않은 일이 없었다고 한다.

광명마을 부녀회는 인근 마을들 간에도 소문난 모임이다. 마을의 행사, 위생, 건강, 환경 등 마을의 모든 사업은 부녀회를 거쳐가지 않는 것이 없었고, 준비부터 마무리까지 모든 일처리가 야무지고 깔끔했다. 근 30년간 광명마을의 내조를 책임져왔다고 하니 광명마을을 지키는 보이지 않는 힘의 정체는 강한 어머니들로부터 비롯한 것이었다.

"나무를 키울 때도 곁가지를 쳐주는 손길이 있어야 쭉쭉 잘 올라가지. 아이들도 마찬가지예요."

심오섭 씨는 슬하에 아들 둘을 두었다. 어렸을 적부터 큰 사고 없이 착하게만 자란 아이들이라고 칭찬하다가 할아버지의 아버지 이야기를 꺼내놓는다.

"내가 요만한 어렸을 적에 무척 맞았어요. 밖에 나가서 뛰어놀고 싶은데 불러들여서는 앉혀놓고 그걸 공부를 시키니 이놈이 노는 놈이라 정신이 하나 있었겠어? 당연히 없지."

심오섭 씨는 늘 매를 들었던 아버지의 사랑은 정성스럽게 나무를 키우는 마음과 같다고 했다. 나무를 키울 때 옆에 달린 잔가지들을 잘 쳐주어야 옆으로 퍼지지 않고 곧게 잘 자라듯이 아이들에게도 마찬가지로 부모는 매를 들어야 할 때를 알아야 한다. 신체에 손상이 가는 그런 체벌이 아니라, 자녀의 흔들리는 마음을 잡아주고 또 이끌어주는 사랑의 질책이다.

광명마을 느티나무는 심오섭 씨뿐만 아니라 마을 사람들 전부가 아끼고 보살피는 나무였다. 앨범 속 사진에도 유난히 느티나무가 많이 보였는데, 마을의 큰 행사들이 느티나무 근처에서 진행되는 경우가 많았다고 한다. 광명마을의 중심에 자리 잡고 있기도 하지만, 아버지와 할아버지, 증조부, 그 위의 세대에서부터 지금까지 쭉 마을에 있었으니 큰어른 대접을 받아도 족하다.

지금도 마을 사람들은 느티나무 앞을 함께 청소한다. 아들이 결혼할 때도, 어

〈그림 9-8〉 '자녀를 키우며' 심오섭 씨의 회상

집안 대대로 살아온 집 마당에서 가족과 함께 찍은 심오섭 씨의 젊었을 때(당시 00세) 사진이다. 엄한 아버지와 할아버지로부터 물려받은 교육철학은 다시 아들에게 이어지고 있다.

〈그림 9-9〉 광명마을 느티나무 앞 청소

심오섭 씨 댁 앞에는 광명마을 최고 수령의 느티나무가 한 그루 있다. 마을 도로를 포장하고 건물을 세워도 느티나무만은 변함이 없다. 마을 사람들은 함께 모여 느티나무 앞을 청소한다.

머니 상을 당했을 때도 자신의 일인 양 함께 기뻐하고 슬퍼했던 정겨운 마을공동체가 광명마을 사람들이다. 하지만 이곳 마을도 신도시개발지역에 속해 있어 늘 함께 모여 희로애락을 나누던 마을회관과 느티나무의 존폐가 불분명하게 되었다. 정든 터전을 떠나야 하는 아쉬움과 늘 함께했던 이웃들과의 헤어짐을 슬퍼하는 마음이 안타깝다.

4부

검단을 사랑하는 사람들

검단이 이토록 풍요롭고, 또 지속적으로 발전하는 데 있어 보이지 않는 곳에서 묵묵히 일하는 사람들이 있다. 500여 년이 넘는 시간을 검단에 살아오면서 문중 대대로 지역발전을 위해 힘써온 향토사가 이종백 씨는 그 전통을 이어 오늘날 검단의 인(仁)과 예(禮)를 위해 초·중·고 학생들에게 교육활동을 하고 있다.

서구문화원의 박한준 씨는 검단의 도시화로 사라져가는 옛것들을 아쉬워하며, 검단의 선조들이 남긴 지혜의 유산을 수집하고 기록한 자료들을 바탕으로 검단의 역사를 정리하고 있다.

검단초등학교 교장 이주형 씨는 검단 주민의 마음의 고향인 검단초등학교를 위해 사랑과 관심으로 검단의 미래를 설계하고 있다.

검단선사박물관 관장 김상종 씨는 검단의 선사 시대 유물들의 가치에 대한 자긍심과 자부심으로 아이들에게 인천 그리고 검단의 역사문화를 물려줘야 한다고 했다.

검단유도회 회장 장상진 씨는 어린 시절부터 검단에서 살았던 추억을 늘 가슴에 안고 불편한 거동에도 불구하고 지역사회에 봉사하는 즐거움으로 여생을 보내고 싶다고 했다.

검단을 사랑하는 사람들은 검단의 과거와 현재와 미래를 위한 교량으로서, 마을 지도자로서 책임과 역할을 다할 것이다.

10장.
유림의 실천, 마음이 중요합니다

**"여기 청마라는 게 관에서 부르는 호칭이고,
마을 사람들은 '삼바지'라고 불렀어요."**

삼바지란 '삼밭'을 뜻한다. 예전에 당하초등학교에서 검단사거리 쪽으로 쭉 올라오다 보면 독정에서 청마로 넘어가는 언덕 끝부분의 유난히 높아 보이는 곳을 '느르머리'라고 부른다. 그 줄기에는 여전히 옛날 가옥들이 몇 채 모여서 작은 부락을 이루고 있다. 그중에서도 느르머리 끝자락 청마마을이 한눈에 내려다보이는

〈그림 10-1〉 청마부락 느르머리의 이종백 씨 사무실

곳에 2층 가옥이 한 채 있는데, 그 건물 1층에 가면 성주이씨 종회 사무실에서 이종백 씨를 만나볼 수 있다.

이종백 씨는 성주이씨(星州李氏) 문열공파(文烈公派) 19대손으로 김포 문중 종회장 일을 맡고 있다. 현재는 인천광역시 마전동 청마마을이지만, 1995년 이전에는 행정구역상 경기도 김포시였기 때문에 성(姓)과 본(本)은 여전히 김포에 속해 있다. 우리 연구팀이 뒤늦게 지각한 것은 검단 사람들이 행정상으로는 인천시 시민이지만 정서상으로는 경기도 김포 사람이라는 것이다. 그 이유는 이들이 다닌 중등학교들이 대부분 김포에 위치했고, 각종 활동 단체 역시 김포와 연관성이 깊기 때문이다. 학연, 혈연, 지연 등이 인간의 생활세계에서는 행정구역상의 소속감보다 훨씬 높은 가치를 가지고 있다고 볼 수 있다.

이종백 씨는 지역사회의 일이라면 누구보다도 앞장서는 열정을 보여 마을일 중에 안 해본 일이 없고, 지금도 검단유도회에서 봉사하며 여러 가지 업무에 눈코 뜰 새 없이 바쁘다고 했다. 검단 토박이라면 이종백 씨를 모르는 이가 드물 정도이니 이종백 씨가 늘 분주한 이유가 여기에 있다고 하겠다.

청마마을에는 성주이씨들이 집성촌을 이루어 살고 있었다. 이종백 씨의 13대조 '이우(李友)' 할아버지께서 경기도 용인군 수지면 성복리에서 이곳으로 낙향하신 후부터였다고 한다. 이종백 씨에 의하면 여기에 아파트가 들어서기 전까지만 해도 이 근처 일대는 모두 논밭이었다고 했다. '넓적배미', '말죽거리' 등 옛 지명에서 보듯이 청마마을은 전형적인 농경사회 형태를 띠고 있다. 그 당시만 해도 사람 눈높이에서 무엇 하나 앞을 가리는 것이 없었으니 마을 사람들 모두 서로를 알았고, 늘 이웃 간 나눔과 사랑이 가득했던 따뜻한 향토사회였다고 한다. 그래서 푸른 산천초목 좌청룡의 부리에 위치한 청마만큼 살기 좋은 곳도 없었다.

인천시 서구 검단 일대에서 여전히 농기와 농악도구들을 소지하고 있는 곳은 청마마을뿐이다. 매년 광복절이 되면 마을 주민이 모두 모여 흥겹게 농악놀이를

<그림 10-2> 농자천하지대본
(1946년 8월 15일 자 농상기)

이종백 씨가 느르머리 건너편 간이창고에 고이 보관해둔 1946년 8월
15일 자 농기를 꺼내어 보여주고 있다. 이종백 씨는 그 당시에 알아주는
상쇠였는데, 그때 농악놀이만큼 신명나는 것도 없었다고 한다.

즐겼다. 이종백 씨는 아직도 그때를 생각하면 흥에 겨워 어깨가 절로 들썩일 정도
라고 했다. 비록 지금은 농상기를 세우고 한바탕 농악놀이를 즐길 만한 여유가 없
지만, 그 옛날 선조 할아버지들이 보릿고개를 지내면서 입지도 먹지도 못한 채로
마련한 귀중한 물품들이기 때문에 소중히 보관하고 있다는 이야기에 가슴이 뭉클
해진다.

그뿐만이 아니다. 이제는 현대식 장례문화의 영향으로 인해 상여 대신 영구
차를 이용한다. 그런데 아직도 동네 어귀에 상여를 보관하고 있어서 청마마을과
이종백 씨가 얼마나 전통을 중시하고 있는지를 알 수 있다. 필자에게 본인의 장례
식은 전통식으로 하고 꽃상여를 타고 싶다고 하시면서 지금은 아파트로 꽉 찬 옛
들판이었을법한 전경을 보시면서 눈시울을 붉히셨다.

"영어공부 할 때 꼬부랑 글씨에서 예의가 나올 수는 없는 거니까요."

이종백 씨가 유림에 몸담고 활동한 지 어언 30년이다. 초기 활동할 당시만 해도 유림은 소위 명문가라고 알려져 있는 문중의 사람들만이 출입할 수 있었던 엄격한 모임이었다고 한다.

하지만 이종백 씨의 생각은 달랐다.

"아무리 뜻이 있고 유교 공부를 한들 유림의 문턱이 이렇게 높아서야……."

그래서 이종백 씨는 문턱 높은 유림에 대해 어떻게 하면 일반 사람들에게 다가갈 수 있을까를 깊이 고민했다. 그 결과 검단 지역의 젊은 층을 대상으로 청년유도회, 여성들을 대상으로 여성유도회를 결성하여 유교의 대중화를 이끌기 시작했다. 직접 만나서 이야기도 나누고, 회원들에게 친절하게 안내장도 보냈다. 검단 지역을 사랑하고 아끼는 이종백 씨의 진심이 통했는지 회원들이 점차 늘어났고, 검단 지역의 유림회 활동도 활발해졌다고 한다.

〈그림 10-3〉 김포향교에서 유건을 쓴 이종백 씨

김포향교의 추기석전에서 유건을 쓰고 있는 이종백 씨의 모습이다.
유건은 관모(冠帽) 중의 하나로 조선 시대 유생들이 평상시나 향교·서원·과거 시험장에 나갈 때 쓰거나 제사에 참석할 때 썼다.

<그림 10-4> 김포향교 역대 전교 명단 앞에서

역대 전교(典校) 명단이 기록되어 있는 액자를
바라보고 있는 이종백 씨의 모습이다. 전교는 지방
향교의 장으로, 성균관이 중앙의 대학이라면 향교는
지방에 있는 중·고등학교에 비유할 수 있다.

이종백 씨가 유림 활동을 하면서 가장 관심을 갖고 신경을 쓰는 부분은 지역
사회의 기둥이 될 어린이들의 인성교육에 대한 것이었다. 배가 부르고 돈이 최고
인 각박하고 이기적인 현대사회에서 전통의 지혜를 존중하고, 옛 어른을 공경하는
풍조가 조성될 수 있도록 기본예절 교육부터 시작해보자는 마음이 시발점이었다.
이는 마치 아프리카 속담 중 "한 아이를 키우려면 온 마을이 필요하다"는 말과 관
련이 있다고 본다. 우리 아이들이 행복하기 위해서는 한 가정만이 아닌 마을 전체
가 필요하다는 관점에서 보자면 이종백 씨의 이러한 실천은 마을 교육공동체로의
진화를 가져올 것이다.

예전에는 이웃 간 온화한 정을 나누며 마을 사람들 모두 인간의 의(義)와 도리
를 갖추어 서로 돕고 사랑을 베풀며 살았던 모습이 검단의 자랑이었다. 아이들의
인성교육에 대한 목표는 검단을 아름답게 만들었던 따뜻한 정과 사랑의 향토사회
를 다시금 교육을 통해 재건하는 것이다. 이종백 씨에게는 충·효·예 교육이야말
로 가정과 사회, 나아가 국가를 살리는 교육이라는 굳건한 믿음이 있었다.

"인(仁)이란 조상의 묘를 돌보는 마음에서 시작하는 겁니다."

청마마을 뒤쪽에는 좌청룡 줄기라고 하는 능정산이 있는데, 바로 이종백 씨가 매년 시월 시향(時享)을 지내는 선산이다.[1] 조상을 잘 모시고 섬기는 마음이 하늘에 닿아 그 덕(德)이 청마마을의 일과 성주이씨 문중의 일을 잘 보살펴줄 것이라는 믿음은 지금도 여전히 시향을 지내는 마음으로 실천되고 있다.

"요즘은 편리하고 빠른 것을 최고로 알아서 제사도 인터넷으로 지내는데, 아주

〈그림 10-5〉 집례를 보고 있는 이종백 씨

2001년 추기석전 때 김포향교에서 이종백 씨가 집례를 보고 있다. 집례는 제례를 주관하고 진행하는 사회자와 같은 역할이다. 제례홀기를 읽고 있는 이종백 씨의 표정이 시종일관 진지하다.

〈그림 10-6〉 선산에서 모신 성주이씨 시제

성주이씨 일가가 모두 착복하고 사진을 찍었다. 아침 일찍부터 시제 준비를 하고, 청마 뒤쪽의 선산에 올라 축문을 읽고 절을 하며 조상에 대한 예를 갖추는 것에 늘 정성을 다하는 모습이다.

---

1) 시향은 '시제(時祭)'와 같은 의미로도 쓰이는데, 이는 사시(四時)에 제사를 지냈기 때문이다. 또 독립적으로는 '향사(享祀)'와 같은 뜻으로 사용되는 것이니, 향사를 지내러 갈 때 시향을 지내러 간다고도 한다. 향사는 향사(鄕祠), 서원(書院), 묘우(廟宇) 등에 제사를 지내는 것으로, 옛날에는 사시에 지냈으나 대개는 1년에 봄·가을 두 번 지내며, 경제적으로 빈곤한 곳에서는 1년에 한 번 시내기도 흰다.

예의가 궁지에 빠진 겁니다."

예부터 조상께 예(禮)를 다하고 섬기는 것은 살아있는 자가 죽은 자를 모시는 마음에서 삶의 소중함을 깨우치라는 가르침이었다. 이종백 씨는 지금의 시대를 '예의(禮儀)'가 상실된 사회라고 하며 안타까워했다.

얼마 전 시향에는 손자 녀석이 따라왔다고 했다. 늘 지긋한 나이의 할아버지들뿐이었던 선산에 초등학교 다니는 손자 녀석이 와서 함께 배례(拜禮)를 하는 모습을 보고 있자니 그렇게 마음이 뿌듯하고 좋을 수 없었다고 한다. 옛날 이종백 씨가 어렸을 적에 아버지께서 음복술을 주시며 하셨던 말씀을 지금도 기억하고 있다.[2]

"제사에 오르는 술은 조상님과 나를 연결하는 것인즉, 조상님께 복을 나누어 받는다는 의미란다."

나는 조상을 모시고, 조상은 나를 살핀다. 시향은 그런 것이다.

"이 사진이 한백륜 묘 입구야. 이게 검단서 김포 가는 길옆에 있었는데."

이종백 씨는 지역문화에 대한 관심도 특별했다. 서른 즈음에 혼자 차를 몰고 다니면서 김포시 검단 일대에 있는 다른 문중들의 묘를 찾아다니며 사진을 찍고 기록을 남겼다. 그때 당시 답사에 가지고 다녔던 것은 일회용 사진기 하나와 묘역

---

2) 음복 혹은 음복술이란 제사를 지내고 나서 제사에 썼던 술을 제관들이 나누어 마시는 것을 말한다. 본래는 제주를 마시는 것만 가리켰으나, 차츰 제사 음식을 나눠먹는 것까지 포괄하는 의미로 쓰이게 되었다. 조상님께 올렸던 음식을 먹음으로써 조상의 복덕을 물려받을 수 있다고 생각했다.

을 표시하고 기록하는 데 쓰이는 필기도구, 그리고 그것을 연구하고자 했던 열정뿐이었다고 했다. 이종백 씨의 '타문중선영순시(他門中先塋巡視)'는 이렇게 완성되었다.

이종백 씨가 조심스럽게 꺼낸 또 다른 문집의 제목은 '조부자친우문작로명부(祖父子親友問作老名簿)'였다.

〈그림 10-7〉 타문중선영순시(他門中先塋巡視), 검단 일대 묘역 답사록

향토학자 이종백 선생님이 나이 서른 즈음에 직접 차를 몰고 검단 일대의 묘역들을 답사하고 기록한 문집이다. 홀로 일회용 사진기 하나를 들고 그 많은 묘역들을 다녔다는 이야기를 듣고 이종백 선생님의 향토애를 느낄 수 있었다.

〈그림 10-8〉 조부자친우문작로명부 (祖父子親友問作老名簿) (1)

문집의 앞쪽에는 조부님을 못 뵙고, 못 잊는 마음을 글로 옮겨놓았다. 그리고 그 뒷부분부터는 경기도 일부 지역을 포함한 김포 일대에 사는 사람들의 이름들을 빼곡히 기록했다. 마치 김포 검단 인명부와 같다.

〈그림 10-9〉 조부자친우문작로명부 (祖父子親友問作老名簿) (2)

불로리 갈산부락에 거주하는 사람들의 명부다. 자세히 살펴보면 이름 아래에 찍힌 도장들('去來', '死亡', '離散' 등)은 색과 의미가 각각 다르다. 조부모와의 관계, 그리고 현재 거주 상황을 상징적으로 표현한 것이다.

"조부님에 대한 못 뵙고, 못 잊고, 예전에 내가 살다 죽노라. 너희들 손자라도 할아버지 못 배우고 헌걸 눈을 터서 내 집을 방문하는 사람의 방문기록이라도 남겨라."

이종백 씨는 조부께서 돌아가신 후, 자손으로서 효의 마음을 다하여 조부를 방문한 검단 일대의 사람들 이름을 모두 기록했다고 한다. 문집을 한 장 한 장 넘기는 손길에서 조부를 존경하고, 또 정성을 다하는 마음이 느껴졌다. 그 당시 이종백 씨는 글씨 연습을 한다는 생각으로 이 문집을 작성했다.

"나는 높은 학교를 다닌 적도 없고, 하늘 천 따지 배운다고 서당에 벼 몇 마지기 낸 적도 없고, 어떻게 해서든지 내 이름자를 쓰기 위해 이렇게 한 거지."

늘 겸손한 마음을 잃지 않고 자신의 위치에서 꾸준히, 그리고 누구보다도 큰 열정으로 마을의 향토문화와 자신의 문중을 연구하는 이종백 씨에게 검단은 삶이고, 생의 선물이다. 앞으로 수십 년 후 검단이 급격한 도시화와 토지개발로 예전의 모습을 찾을 수 없을 만큼 변한다 하더라도 이종백 씨와 같이 지역을 사랑하는 향토사가가 존재하는 한 검단의 지금 모습은 많은 이들의 가슴 속에 기억될 것이다.

11장.
사라지기 전에 기록해야 합니다

**"서구의 향토자원들은 마치 가공하지 않은
다이아몬드 원석과 같습니다."**

검단의 검(黔) 자는 '검다'라는 뜻이고, 단(丹) 자는 '붉다'라는 뜻이다. 검단의 서해안 일대가 검붉은 갯벌로 되어 있어 '검단'이라고 칭한다. 서구문화원에서 간행한 저서 『검단의 역사와 문화』에는 검단 일대의 고유지명과 풍습, 풍속, 설화나 전설, 고비(古碑) 등이 자세히 설명되어 있다. 이 책의 저자 박한준 향토문화연구소

〈그림 11-1〉 서구문화원 부원장 박한준 씨

책상에 앉아 「김포군지」를 들추고 있던 박한준 씨가 서구 검단의 향토자원에 대한 이야기를 꺼내놓기 시작했다. 김포에서 인천으로 행정구역이 바뀌었기 때문에 자료를 수집하기 더 어려웠던 예전의 경험을 떠올리고 있다.

장(現 서구문화원 부원장)은 1999년부터 검단의 향토문화자원들을 수집하고 정리하는 작업으로 늘 바쁜 모습이다.

서구문화원이 설립되기 전에는 검단에 관련한 자료가 거의 전무했다고 해도 과언이 아니다. 행정구역 개편(1995. 3) 이전의 「김포군지」나 그 이후의 향토지 「서구사」를 들춰보아야만 간신히 몇 줄의 내용을 찾아볼 수 있을 만큼 검단의 역사·문화는 체계적으로 정리되지 못했다. 하지만 2002년, 서구 그리고 검단을 사랑하고 아끼는 향토민의 의지가 결실을 맺게 된다. 서구의 사라지는 역사와 문화를 보존하고 계승·발전시키고자 하는 지역 원로들이 함께 뜻을 모아 서구문화원을 설립한 것이다.[3] 박한준 씨는 단연 서구문화원의 설립을 준비하고, 또 설립 후에도 기반을 다지는 데 공헌한 일등공신 중의 한 사람이다.

"역사는 몇천 년이 흘러도 하루아침에 없어지는 겁니다."

도시화가 급격히 진행되고 있는 인천시 서구, 특히 검단이 신도시 개발지역이 되면서 주옥같은 많은 향토문화자원들이 그 가치를 보이기도 전에 사장되고 있다. 박한준 씨는 서구 검단 지역을 조사하면서 '작년에 감탄하며 사진을 찍어두었던 비석이 올해 다시 갔을 때 어디로 갔는지 사라져버렸어'라고 하며 안타까운 마음만 가지고 돌아와야 했던 이야기를 꺼내놓는다.

검단 지역에는 여전히 조사되지 않아서 감춰져 있고 묻혀 있는 문화자원들이 많다며 한시라도 빨리 조사하고 기록해야 한다고. 그래서 쉴 틈이 없다는 박한준 씨의 표정에서 검단에 대한 애틋한 마음이 묻어난다. 인터뷰 도중 누구보다도 지

---

3) 당시 향토문화연구소 이훈익 소장님을 중심으로 설립추진위원 18명이 주축이 되어 서구문화원이 설립되었다. 서구문화원 설립을 위한 준비의 시작은 향토사학자 이훈익 선생님이 지역 원로들의 뜻과 의지를 확인하고 힘을 모으는 것이었다. 각 지역마다 한 분씩 대표로 서구문화원 설립추진위원이 구성되었고, 이렇게 구성된 지역 원로들이 자체적으로 기금을 모아 서구문화원을 설립(2002)했다.

역사회에 관심이 많은 박한준 부원장은 자신이 직접 자료를 모으고 답사한 이야기를 꺼내놓으며 서구와 검단 지역에 대한 애정을 숨기지 않았다.

"검단에는 인물들이 많아요. 정통성과 역사성이 있는 곳입니다."

검단은 1995년 3월 1일 자로 김포시에서 인천시 서구로 편입되어 그 이전의 검단에 관련한 자료가 많이 남아 있지 않다. 게다가 행정편입 이전 김포였을 때의 자료에서도 검단에 대해 체계적으로 정리한 내용을 찾아보기 어렵다고 했다. 그래서 검단 지역에 대한 조사는 향토민을 대상으로 문헌자료, 예컨대 족보라든가 집안에서 내려오는 고문서들을 수집하고 대대로 검단에 살아왔던 사람들의 경험세계를 직접 인터뷰하여 정리해야 한다.

이러한 열정으로 맺은 첫 번째 결실이 「인천서구의 민속신앙: 동제편(洞祭篇)」이었다. 동제는 마을공동체 문화로서 대부분 문서화되어 있지 않기 때문에 그 지역의 토박이들을 만나서 직접 기록하고 자료를 수집해야만 구체적인 절차와 의례 양태를 파악하고 정리할 수 있다. 그때 만나서 인터뷰했던 사람들만도 50여 명은

〈그림 11-2〉 인천서구문화원 향토문화연구소 저서 (1)

인천서구문화원 향토문화연구소에서는 검단을 비롯한 서구의 향토문화자료들을 수집하고 정리하여 해마다 지역문화 도서들을 출판하고 있나.

족히 넘을 것이라고 했다. 이는 오랜 시간에 걸쳐 이뤄낸 과업이었다.

　서구문화원에서 현지를 답사하고 인터뷰한 내용을 바탕으로 3회에 걸쳐 동제(洞祭)를 재현했다. 동제 재현 당시 고유의 공동체 문화로서 알아야 하고 전승해야 한다는 당위성은 있었지만, 실제로는 종교단체들의 반발에 부딪혀 어려움이 많았다고 한다. 하지만 박한준 씨는 "동제를 종교적인 관점이 아니라 선조들의 고유 민속으로 보고 그 내용을 후손들에게 전해줘야 하는 것"이라고 하며 종교단체들을 설득했다. 마을 공동 제의의 전통성은 우리 민족의 종합예술이라는 굳건한 신념이었다.

　사무실 맨 안쪽의 박한준 씨 자리에는 여러 문중의 족보와 문헌들이 쌓여 있었다. 곧 출판될 다음 저서(『(가)서구 인물사』)를 위한 자료들이라고 했다. 향토 인물들을 조사하다 보면 그 지역이 가진 전통의 깊이를 알게 된다.[4]

　검단에는 조선 시대 4대 문장가 중의 한 사람인 상촌 신흠(申欽)을 비롯해서 '정인지', '박거겸', '눌재 양성지' 등 세상에 잘 알려진 인물들은 물론 널리 알려지지는 않았지만 후세에 남을 훌륭한 인물들도 많았다고 한다.

> "대곡동에 계셨던 '신채'라는 분은 관직에 나가지는 않았지만, 지역의 유림들이
> 그의 행적을 칭찬하며 표창을 줘야 한다고 손수 청원(請願)을 올리기도 했답니다."

　옛날 선조들은 관직에서 물러나면 고향이나 한적한 시골에 돌아와 집필도 하고 아이들에게 글도 가르치며 노년을 보내는 경우가 많았다. 검단 지역에서도 이러한 인물들의 흔적을 많이 찾아볼 수 있었는데, 대부분 생을 마감할 때까지 보인 모범적인 행실로 마을 사람들의 존경을 받았다고 했다.

　검단에는 많은 마을이 있는데, 각각이 집성촌으로 이뤄진 자연부락으로 구성

---

4) 『서구 인물사』는 이미 간행되었으며, 인천광역시 서구문화원에서 비매품으로 열람하거나 대여할 수 있다.

〈그림 11-3〉 인천서구문화원 향토문화연구소 저서 (2)

자칫 놓쳐버리기 쉬운, 개발로 없어져버리면 찾기 힘든 향토문화자료들을 수집하고 정리했다. 이러한 중요한 지역문화자료들은 책자로 출판되어 많은 서구 주민이 읽고 소장하고 있다.

되어 있다. 특히 몇백 년을 한 곳에서 터를 잡고 살아온 문중들은 그 지역에 대해서는 누구보다도 잘 알고 있는 대대손손 토박이 집안이며, 또한 그 지역 정체성이 해당 지역에 터를 잡고 살고 있는 문중의 정체성과 맥락을 같이한다.

박한준 씨는 검단의 집성촌이 오랜 세월 동안 유지될 수 있었던 힘의 근원이 씨족 간의 긴밀한 유대관계와 헌신적인 봉사정신에 있다고 설명했다. 한 지역에서 몇백 년을 뿌리내리고 살았다는 것은 어려움이 있을 때 가장 먼저 나서고, 흉년이 들어 마을이 굶주릴 때 누구보다 앞서 곡식창고를 열었다는 것과 같은 의미다. 검단 사람들은 오랜 옛날부터 서로를 배려하고 위하는 마음을 전통으로 계승했다.

"제 꿈은 검단에 지역주민의 마음의 고향을 지켜주는 것입니다."

박한준 씨가 검단을 아끼고 사랑하는 마음은 매우 특별하다. 어떤 지역을 조사하고 연구하기 때문에 생기는 그런 감정에서 끝나는 것이 아니라 매우 현실적이고 진지한 대안을 모색하고 추진하는 '실천적인 검단 사랑'이다.

"이곳 검단 지역은 10년 전까지만 해도 옛 모습이 그대로 남아 있었는데, 도시화
가 워낙 급속히 진행되다 보니 이제는 옛날 사진마저 흔하게 볼 수 없게 되었어요."

하루가 다르게 신도시로 변모되어가는 검단의 모습은 자랑스럽기도 하지만,
한편으로는 과거에 대한 향수로 안타까움을 자아내기도 한다. 그래서 박한준 씨는
옛날의 검단을 기억하고 또 그리워할 수 있는 공간을 꿈꾸고 있다. 검단에서 사용
했던 옛날 생활용품, 농기구, 사진 등을 한데 모아 전시하고 또 그 공간에서 검단
의 옛 모습을 느끼고 상상할 수 있다면 아무리 급격한 변화가 오더라도 고향으로
서의 검단은 사라지지 않는다. 박한준 씨의 바람은 검단의 과거와 현재, 그리고 미
래를 잇는 교량을 세우는 것이다.

현재 서구문화원에서 추진하는 주력 사업은 '향토문화교육'이다. 검단이 점
차 도시화되면서 예전부터 지역을 지키며 살아왔던 향토민이 대거 외지로 이동하
고, 외지로부터 유입된 이주민이 검단에 새로 뿌리를 내린다. 그래서 더욱 시급한
것이 '검단의 역사적 정체(identity)'를 알리는 것이라고 했다. 예부터 대대손손 살아
온 사람이라면 할아버지로부터 또는 아버지로부터 검단을 사랑하고 아끼는 방법

〈그림 11-4〉 골똘히 생각하고 있는 남자 어린이

서구문화원에서 진행한 문화탐방에 참가한 한 어린이가 무언가를 골똘히
생각하고 있다. '향토문화의 깊은 매력에 빠져버린 것일까?'

〈그림 11-5〉 서구문화원 문화탐방에 참가한 지역주민

서구문화원에서는 주기적으로 문화탐방 행사를 진행한다. 때마다 많은 지역주민이 참가하고, 프로그램을 함께한 후에는 늘 깊은 인상이 남아 좋은 평가를 받고 있다고 한다.

을 배울 수 있지만, 이주민에게는 아무도 검단에 대해 알려주는 이가 없다. 그것은 서구문화원의 역할이자 박한준 씨가 바라는 검단 사랑의 실천이다.

향토문화교육을 하기 위해서는 기본적으로 교재가 필요하다. 그래서 서구문화원 향토문화연구소에서 주력하고 있는 또 하나의 사업은 의미의 왜곡이 없는 범위 내에서 역사적 자료들을 보기 쉽고 이해함에 불편함이 없도록 재가공하는 작업이다.

"사학을 연구하는 분들뿐만 아니라 일반인들이 볼 수 있게 해주는 것이 필요합니다."

"우리의 모습을 알려면 거울을 보고 알 수 있듯이, 우리의 정신과 문화를 알려면 역사에 비춰야 그 내재(內在)되어 있는 얼과 정신을 알 수 있다고 한다. 따라서 지역을 알려면 지역의 역사와 문화를 바로 알아야 한다는 것이다. 즉, 향토사(鄕土史) 연구는 우리 선조들의 숨결이 그대로 묻어 있어 절대로 소홀히 다뤄서는 안 된다. 과거와 현재를 재조명할 수 있는 자료들을 체계적으로 발굴하고 정리하여 그것이

자라나는 청소년들의 삶에 기초가 될 수 있기를 바라는 바다."

『검단의 역사와 문화』 머리말 중

　　박한준 씨의 꿈은 높이 치솟은 빌딩 숲속에서 아름다운 자연과 그보다 더 아름다운 사람들이 살았던 검단의 기억과 향수를 미래로 인도하는 것이다. 그로부터 비롯한 검단의 역사와 문화는 검단에 뿌리내릴 새로운 주민과 이미 검단에 뿌리내린 주민을 연결하고 미소로 마주보게 하는 연결고리가 될 것이라고 믿는다.

12장.
검단초등학교는
검단 사람들의 고향입니다

"여기는 검단 역사의 흔적을 그대로 담은 곳이라고 볼 수 있죠."

인천광역시 서구 검단에는 77년의 오랜 역사와 전통을 이어가고 있는 검단초등학교가 자리 잡고 있다. 검단의 자랑, 바로 검단초등학교를 대표하고 있는 인천 검단초등학교 이주형 교장선생님을 만나보았다. 지난해 9월에 부임한 이주형 교장선생님에게 학교의 모든 것은 낯설 만도 하지만, 검단 최고의 교육기관이라는

〈그림 12-1〉 검단초등학교 2층 교장실

검단초등학교 2층에서 이주형 교장선생님을
만났다. 검단초등학교 아이들의 정직함과 순박함을
자랑하신다.

<그림 12-2> 검단초등학교 교감선생님

검단초등학교의 오래된 앨범들을 손수 찾아서
가져오셨다. 색 바랜 앨범들 앞에서 검단초등학교에
담긴 긴 연혁을 상상해볼 수 있다.

자부심과 열정으로 오래전부터 검단초등학교와 함께해온 듯한 익숙함을 느낄 수
있었다.

　　교장선생님과 함께 검단초등학교를 이끌어나가는 또 한 명의 대표자는 후덕
한 모습의 이준희 교감선생님이다. 소중히 여기며 간직해왔던 오래된 문집과 색
바랜 앨범들을 하나하나 설명해나가는 모습에서 검단초등학교에 대한 긍지와 애
정을 엿볼 수 있었다. 정성으로 학교를 대하는 선생님의 마음이 학생들에게도 전
달되었는지, 아담한 검단초등학교 교정에는 학교에 대한 애교심과 웃음꽃이 끊이
지 않는다.

"학교에 대한 순수한 기록이에요. 이곳의 역사가 쭉 담겨 있습니다."

　　검단초등학교가 지나온 세월의 흔적은 학교연혁지구직원명부를 통해 알 수
있다. 1952년부터 편찬된 이 문집은 1932년 개교했을 당시부터 현재까지 검단초
등학교에 근무했던 교직원들의 명부를 기록한 것으로, 검단초등학교의 살아있는
역사라 할 수 있다.

〈그림 12-3〉 검단초등학교 학교연혁지구직원명부 (1)

1932년 개교했을 당시부터 지금까지 검단초등학교에 근무했던
교직원들을 열람할 수 있는 문집이다. 1952년에 편찬하여 현재까지
이어져온 전통이 검단초등학교의 역사를 증명하고 있다.

〈그림 12-4〉 검단초등학교 학교연혁지구직원명부 (2)

이 문건은 단기 4285년(서기 1952년) 7월 20일
검단초등학교 개교 20주년 기념으로 편찬된 것이다.
1935년 3월 24일에 제1회 졸업식을 거행했고,
1949년 9월 1일에 당하분교가 창신국민학교로
승격했다고 기록되어 있다.

　　　1932년 7월 검단 공립보통학교로 개교하여 학교 운영을 시작한 이래 몇 차례
에 걸친 교명 변경과 변천과정을 정리해놓은 문집은 학교에 대한 역대 선생님들
의 애틋한 마음과 오랜 세월의 무게를 고스란히 느낄 수 있다. 검단초등학교의 분
교인 창신초등학교와 단봉초등학교의 개교, 변소 축대 쌓기와 전교실 선풍기 설치
등의 기록은 잊고 지냈던 학창시절의 옛 추억을 되살려준다.

"우리는 이렇게 왔다 가지만 학교는 계속 남아야 하니까요."

시간이 흐를수록 우리의 기억 속에서 잊혀가는 검단초등학교의 옛 모습은 앨범을 통해 회상된다. 검단초등학교의 주요 부서 중 하나인 학교앨범 관리부서는 앨범 관리를 통해 학교의 역사적 근원의 맥을 잇는다는 사명감과 의지를 갖고 오늘도 보관과 관리에 끊임없는 노력을 기울이고 있다.

검단초등학교의 또 하나 자랑거리는 매년 개최되고 있는 총동문회 체육대회다. 봄나들이가 한창일 4월이 되면 사회 각계각층의 다양한 분야에서 활동하고 있는 동문들은 모교에 대한 사랑, 두터운 우정, 옛 추억을 간직하며 가족과 함께 검단초등학교로 모여든다. 동문들은 학교에 대한 애교심으로 학교의 발전상과 비전

〈그림 12-5〉 검단초등학교 48회 졸업기념 앨범

학교 앨범은 학교의 역사는 물론 해당 지역 마을들의 이야기를 담고 있다. 검단초등학교 48회 졸업앨범이 1983년 2월에 나왔으니 현재까지 28년이 흐른 것이다.

〈그림 12-6〉 1983년도 김광현 교장선생님 말씀, '참된 삶'을 살아라

1983년 검단초등학교의 교육목표는 "나라와 겨레를 사랑하며 탐구력이 왕성하고 정의로운 사회 구현과 국가발전에 기여할 수 있는 긍지 높은 한국인을 육성한다" 이다.

을 공유하고, 자발적으로 학교발전기금을 마련하여 학교를 지원하고 있다.

"검단초등학교는 검단 주민의 향수를 달래는 공간입니다."

검단초등학교는 마을주민의 삶과 오랜 역사를 같이해오고 있다. 검단 마을의 주민은 검단초등학교를 중심으로 그 일대에 생활 근거지를 이루고 살아왔기 때문에 대부분 검단초등학교 졸업생으로 한 집안의 할아버지와 아버지, 손자손녀 삼대가 같은 학교를 졸업해 함께 학교 이야기를 하는 모습을 종종 볼 수 있다. 다시 말해 한 집안의 3대가 같은 초등학교 동문인 셈이다. 옛날 앨범 속 검단초등학교의 모습은 어른들에게는 아련했던 추억을, 학생들에게는 옛날이야기를 통해 전해 들었던 상상 속의 학교를 만나볼 수 있게 해준다.

세월이 흘러 도시와 지역이 개발되면 자연스럽게 옛 모습과 흔적들은 서서히 사라지게 된다. 인천시 서구 검단도 이러한 시대적 흐름을 피해갈 수 없다. 검단 주민의 마음의 고향이었던 검단초등학교는 향후 개발될 신도시 검단 내에 그 자체의 존재로서 묵묵히 자리를 지키며 정체성과 추억 속에 계속해서 검단의 역사를 증명해나갈 것이다.

〈그림 12-7〉 "떨어질라 조심해!" 검단초등학교 학생들

검단초등학교 48회 졸업(1983. 02) 앨범에서 씩씩한 남학생들의 사진을 발견했다. 어느 한 반의 모든 남학생들이 미끄럼틀에 올라서 매달려 있다. 떨어질까 아슬아슬한 모습이 장난스러워 보인다.

〈그림 12-8〉 1983년도 군대회 우승, 검단초등학교 탁구 선수단

1983년 탁구 군대회 우승을 차지한 팀은 검단초등학교 선수단이었다. 학교 운동장에서 상장을 든 선수단과 지도 선생님, 그리고 깃발과 함께 기념사진을 찍고 있는 모습이다.

〈그림 12-9〉 검단초등학교 "재미있던 자연시간"

검단초등학교 50회 졸업앨범 사진 중에 자연수업 시간에 선생님과 아이들을 찍은 모습이다. 그 옛날 칠판에 하얀 분필 글씨가 정겹다. 학생들이 선생님 말씀을 열심히 경청하고 있는 모습이 인상적이다.

〈그림 12-10〉 검단초등학교 56회 졸업앨범 6학년 1반 학생들

검단초등학교 졸업앨범을 예전부터 차례대로 살펴보니 어느새 흑백사진에서 컬러사진으로 바뀌었다. 앨범 아래로 검단초등학교 6학년 1반 56회 졸업생의 명단이 나와 있다. 그리운 모습들이다.

〈그림 12-11〉 검단초등학교 '어머니 종이접기교실' 개강

검단초등학교 59회 졸업앨범에서 어머니들의 종이접기 수업 모습이 눈에 띈다. 무더운 여름에 선풍기 두 대로 견뎌야 하는 환경이지만, 아이들 못지않은 열정으로 열심히 종이를 접고 있는 어머니들의 표정이 즐거워 보인다.

13장.
아이들에게 마을의 역사 알려주기

**"인천광역시 검단선사박물관은 박물관만이 아니라
지역과 마을의 흔적이며 이야기입니다."**

인천광역시 서구 원당동 76블럭에 검단선사박물관이 자리하고 있다. 빼곡한 아파트 단지로 둘러싸여 아무것도 없을 것 같은 그곳에 아담하고 깨끗한 검단선사박물관이 관람객을 맞이하고 있다. 내부는 선사 시대를 테마로 하여 유물 발굴 당시 모습을 그대로 복원해놓은 곳으로, 마치 타임캡슐을 타고 과거로 돌아간 듯한 착각에 빠지게 한다. 이런 멋진 곳을 책임지고 있는 검단선사박물관 김상종 관장을 만나보았다.

2008년 1월 27일 검단선사박물관으로 처음 발령받던 날, 김상종 관장은 이날을 평생 잊지 못할 거라 말한다.

"그때는 제가 고생을 무지 많이 했습니다. 발령받아서 왔는데, 건물을 새로 막

〈그림 13-1〉 검단선사박물관 김상종 관장

인터뷰하는 내내 마치 오래전 알고 지내던 사람과 이야기하는 듯 편안한
분위기를 이끌어나간 검단선사박물관 김상종 관장의 모습

짓고 있는 터라 책상도 없었죠. 철책 의자 하나 놓고 3개월 동안 먼지 먹으면서 지

냈어요. 처음부터 여기에 있었으니 제가 바로 산증인이죠.”

박물관의 수도꼭지 하나까지 어디에 있는지 다 알고 있다던 김상종 관장의
말 속에서 박물관에 대한 사랑과 애틋한 감정을 넘어 지역사회에서 박물관의 가치
가 어느 정도인지 짐작할 수 있었다.

“시간이 흐를수록 유물에 대한 애착은 커져만 갑니다.”

김상종 관장은 검단선사박물관으로 발령받기 전까지는 유물에 관해 별다른
관심을 갖지 않았다고 한다. 처음에는 박물관 프로그램의 모든 것을 기획해야 했
기 때문에 유물은 어디에서 발굴되고 가져오는 것이며, 유물은 어떤 목적으로 전
시되고, 어떻게 전시와 교육이 연계할지에 관해 고민을 하지 않을 수 없었다.

그때까지도 하나의 담당업무에 지나지 않았는데, 뜻하지 않은 경험으로 인식의 변화가 생기게 되었다.

"신탄진에 직접 유물을 가지러 간 적이 있었어요. 그곳 연구원들한테 돌도끼에 대한 설명을 듣고 제가 한번 만져보았어요. 처음에는 손에 안 잡혀서 이상하다 생각하고는 왼손으로 잡아보았지요. 아, 그런데 이게 딱 잡히는 거예요. 그 당시 왼손으로 사용했던 돌도끼였던 거죠."

그 순간 김상종 관장은 온몸에 전율을 느꼈다고 한다. 유물의 가치와 소중함에 대해 재발견하게 된 그는 시간이 흐를수록 유물에 대한 애착이 커져만 간다며, 유물을 관리하고 있는 지금이 가장 행복하다고 말한다.

〈그림 13-2〉 제1전시실: 검단 지역의 돌널무덤

전시되어 있는 유물을 직접 설명하고 있는 김상종 관장의 모습. 유물에 대한 이해와 그 깊이를 통해 애착심을 느낄 수 있었다.

〈그림 13-3〉 박물관 뒤편 야외전시장의 돌널무덤

박물관 뒤편 야외공원 전시장에 전시되어 있는 돌널무덤은 인천 지역에서 최초로 정식 조사된 깃으로, 학술적 가치가 높은 자료로 평가받고 있다.

"인천광역시 검단선사박물관의 미래는 밝다."

우리가 만난 김상종 관장은 양복 차림이 아닌 소위 박물관의 전투복이라고 할 수 있는 작업복을 입은 모습이었다.

"이렇게 방문하실 줄 알았다면 양복을 입고 기다려야 했는데……."

방금 전까지만 해도 박물관의 구석구석을 돌아다니며 일을 하고 있었던 것이다. 박물관의 관장이 이런 복무 자세를 가지고 있으니 직원들의 업무 또한 어떠할지 짐작할 수 있다. 단 한 사람도 업무시간을 소홀히 보내는 사람이 없다.

특히 지역박물관의 경우는 국보급 유물이 전시되지 않기 때문에 박물관에 대한 관람객이 관심이 낮아진다. 검단선사박물관 역시 지역박물관에 속하기 때문에 운영에 어려움을 겪고 있으며, 이를 극복해나가기 위해 부단히 애쓰고 있다. 해마다 특색 있는 특별전을 개최하고, 교육프로그램을 개발하여 관람객에게 다양한 문화 콘텐츠를 접할 기회를 제공한다. 올해는 초등학생들을 대상으로 운영할 예정으로, 박물관이라는 딱딱한 이미지보다는 관람하는 아이들에게 친근한 이미지로 다가서고 체험활동을 할 수 있는 시설과 지원을 확대할 계획이다. 이처럼 지역사회의 문화수요에 부응하는 박물관이 되도록 노력하는 사람들이 있기 때문에 인천광

〈그림 13-4〉 발굴작업을 체험해볼 수 있는 발굴체험장

2층 체험학습실에 마련된 발굴체험장은 아이들이 발굴작업 과정을 직접 체험해볼 수 있는 유익한 공간으로 학습효과를 높여주고 있다.

역시 검단선사박물관의 미래는 밝을 수밖에 없을 것이고, 꾸준히 지역과 마을의 역사를 기록하고 보관할 것이다.

14장.
검단의 전통과 정통성 계승하기

"제가 검단초등학교 15회 졸업생이에요.
예전엔 검단사거리가 온통 자갈밭이었는데,
짚신이 해져서 피가 나면 어머니가 치마폭을 찢어서 동여매주셨죠."

마전동 검단사거리는 몇십 년 전까지만 해도 온통 자갈밭이었다고 한다. 현재 검단에서 가장 번화한 곳으로 명실상부 검단교통의 중심지인 검단사거리의 옛날 모습은 토박이가 아니면 상상하기조차 어렵다. 장상진 씨는 검단초등학교 15회

〈그림 14-1〉 검단유도회 사업을 논의하는 두 사람

장상진 씨는 검단유도회 회장, 이종백 씨는
검단유도회 부회장이다. 이날도 검단유도회의 한 해
사업과 관련한 여러 가지 논의를 하기 위해 장상진
씨의 집에 모였다.

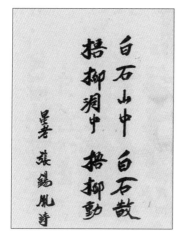

〈그림 14-2〉 장상진 씨의 증조부의 시, 자연을 즐기는 멋

"백석산에는 흰 바위들이 흩어져 있고, 오류동에는 오동나무와
버드나무가 흔들린다." 장상진 씨의 증조부 장석윤(張錫胤)의 시다.
오류동의 아름다운 자연환경이 눈에 선하게 보이는 듯하다.

졸업생으로 10여 년 전에 마전동으로 이사를 왔다.

어릴 때 오류골에서 검단초등학교까지 먼 길을 통학했던 기억이 지금도 생생
하다는 장상진 씨의 얼굴에서 어린 시절에 대한 그리움이 묻어난다.

"검단사거리가 참 많이 발전한 겁니다. 옛날에는 온통 자갈밭이었어요."

검단의 품에서 나고 자란 토박이로서 장상진 씨가 검단을 생각하고 아끼는
마음은 매우 각별할 수밖에 없다.

검단사거리의 거친 자갈밭에 짚신이 해져 발가락에 피가 나면 어머니가 치마
폭을 찢어서 동여매주셨고, 아버지는 밤새 다시 짚신을 만들어주셨다. 검단에 대
한 기억은 부모님의 사랑이며, 어릴 적 순수했던 마음에 대한 그리움이다.

오류골에서 대대로 농사를 지었다는 장상진 씨에게 농사(農事)는 먹고살기 위
한 생계수단 이상의 의미가 있었다. 농사란 배추농사를 지으면 배추가 되고, 돼지
농사를 지으면 돼지가 되어 자연의 섭리를 알아가는 배움의 과정이라고 했다. 장
상진 씨가 조심스럽게 내보인 증조부의 시는 오류동의 자연, 검단의 아름다운 산

수를 노래하고 있었다. 자연을 벗 삼아 풍류를 즐길 줄 아는 농사꾼이자 자연철학
자였던 증조부의 의지가 장상진 씨의 가슴에 고스란히 계승되고 있었다.

"검단유도회는 검단 주민이 가져야 할 의식의 기둥입니다."

장상진 씨에게 현재 가장 중요한 소명은 검단유도회를 이끌어나가는 일이다.

"검단유도회는 타 자생단체와는 다르게 30여 년의 역사를 가지고 있고, 지역사
회와 자라나는 세대를 위해 인성교육을 비롯한 여러 가지 지역봉사활동을 수행하
고 있어요."

〈그림 14-3〉 이상진 전교님과 장상진 회장님

김포향교 전교 이상진 씨와 검단유도회 회장 장상진
씨의 모습이다.

〈그림 14-4〉 검단유도회 정기총회

검단유도회는 전국에서도 적극적인 활동과 많은 회원
수로 알아주는 지회다. 사진 속에서 2009년 4/4분기
결산보고 및 정기총회에 참가한 검단유도회 회원들의
모습을 볼 수 있다.

〈그림 14-5〉 검단유도회 정기총회 특별강연

검단유도회에서는 늘 정기총회가 시작되기 전에
회원들에게 도움이 될 수 있는 내용으로 특별강연을
준비해왔다. 이번 2009년 4/4분기 정기총회 때는
전통문화와 마을연구에 대한 내용으로 인하대학교
김영순 교수(필자)를 초빙했다.

검단유도회를 소개하는 장상진 씨의 목소리에는 자부심과 긍지가 있었다.

사실 검단유도회는 장상진 씨만의 자랑은 아니다. 1982년 검단유림회로 시작
해서 현재에 이르기까지 여러 가지 어려움을 겪긴 했지만, 검단유도회만큼 검단
지역사회 통합에 영향을 미친 단체는 드물다. 현재까지 전국 유도회 중 가장 왕성
한 활동을 자랑하는 실적을 내놓을 수 있는 데는 장상진 씨와 같은 보이지 않는 지
역 원로들의 노력과 땀이 존재한다.

검단유도회는 여러 가지 활동을 한다. 1년에 한 번씩 유도회 전원이 유적순례
탐방을 할 뿐만 아니라 검단 지역 내 초·중·고등학교 순회 인성교육을 시행한
다. 남을 생각하고 배려하고 또 어른을 공경하고 옛 선조의 지혜를 배우는 기회로
서 1년에 약 5개 학교에서 교육을 실시하는데, 많은 학교들이 관심을 보이고 적극
적으로 참여하고 있다고 한다.

"마음을 그리듯 붓글씨를 쓰면 그렇게 즐거울 수 없어요."

장상진 씨의 공간에는 붓끝으로 피운 먹 향기가 가득하다. 늘 한지와 먹물이

준비되어 있을 만큼 서예를 좋아하고 즐긴다고 했다. 새벽에 잠이 안 올 때 한지를 펴고 붓글씨를 쓰면 마음에 평정이 찾아오는 것을 느낄 수 있다고 한다.

초등학교를 졸업하자마자 한국전쟁이 나서 제대로 중학교를 다닐 수 없었던 장상진 씨에게 아버지께서 권유해주신 것이 한문을 배우는 것이었다. 특별한 계기가 있었던 것은 아니지만 동네 서당에서 2년 정도 한문을 배우는 기간 동안 참 즐거웠고, 또 열심히 했던 기억을 회상하면 지금도 마음이 뿌듯해진다고 했다.

1999년에는 문화관광부와 성균관에 의해 준비되고 운영된 커리큘럼을 수행하고 강사 자격증을 수여했다. 서예의 즐거움을 다른 사람과 함께할 수 있다는 것만으로도 기쁘다고 했다.

〈그림 14-6〉 서예대전 수상의 영광

사진 속의 장상진 씨는 1999년 서예대전 수상 기념으로 본인의 필체 앞에서 꽃다발을 들고 있다. 서예를 즐겨 배우고 익히며 갈고 닦은 실력이 결실을 맺은 순간이었다.

〈그림 14-7〉 장상진 씨의 강사 자격증

1999년 7월 3일 성균관장으로부터 강사 자격증을 수여했다. 문화관광부와 성균관이 공동주최(주관)한 충효교실 교육과정을 수료하고 받은 증서다.

"지역사회에 봉사하는 즐거움으로 여생을 보내고 싶습니다."

장상진 씨의 걸음걸이는 매우 조심스럽고 느리다. 몇 년 전 당뇨로 수술을 받았다고 했다. 거동은 불편하지만, 검단의 발전을 위한 마음은 누구보다 크고 위대했다. 장상진 씨로 인해 검단을 지탱하는 정신의 뿌리는 더욱 크고 단단해질 것이다.

〈그림 14-8〉 지역사회에 봉사하는 즐거움, 표창장

1983년 경기도지사로부터 받은 표창장이다. 평소에 지역사회를 위한 봉사활동에 솔선수범했던 장상진 씨의 공적을 높이 치하한다는 내용이다.

〈그림 14-9〉 표창증 기념사진

1987년 표창증을 수상하면서 촬영한 기념사진이다. 당시 젊은 시절의 장상진 씨의 얼굴에는 지역사회에 대한 애정과 봉사정신에 대한 투철한 의지가 묻어나는 듯해 보인다.

〈그림 14-10〉 1987년 새마을사업 표창증

1987년 새마을사업에 이바지한 공로를 인정받아 수여된 포장증이다.
표창증 밑의 장상진 씨의 주소지에서 당시 김포군이었던 검단면 오류리의
행정구역을 확인할 수 있다.

5부

검단에서 만난
공간의 기억과 흔적

필자와 연구팀 연구원들은 검단 마을지 연구를 위해 다양한 검단 사람들을 만나 그들의 삶의 터전인 마을 공간과 관련한 일상생활 이야기를 들었고, 그들의 삶이 배어 있는 공간을 답사했다. 어린 시절에 넓은 바위가 비스듬히 괴여 있어 미끄럼 놀이터로 그만이었던 고인돌이며, 마을의 모내기부터 운동회, 체육대회 등 크고 작은 행사를 담당했던 검단초등학교, 그 운동장 한쪽에 어른의 팔로 감싸 안아도 다 두르지 못하는 세 그루의 플라타너스가 있다. 이 나무들은 검단 사람들이라면 누구나 알고 있다.

지나간 시간을 그리워할 수 있다면 오랜 시간 검단을, 검단 사람들을 묵묵히 지키고 있는 공간, 검단 주민의 기억을 재생할 수 있는 공간이 존재한다. 이런 공간들이 있기에 검단의 역사와 전통이 전승되며, 검단 사람들이 지역문화 정체성을 확립해나갈 수 있을 것이다. 역사가 시작되기 이전에 검단에 살았던 사람들의 흔적들은 검단선사박물관에서 찾아볼 수 있다.

5부에서는 검단 사람들의 기억이 재생되는 공간들의 이야기를 기술한다. 이런 이야기들은 앞으로 검단에서 살아갈 사람들에게 정서적으로 매우 큰 가치가 있다고 할 것이다.

15장.
검단 교육의 근간, 검단초등학교

"검단 최고(最古)의 교육기관이라면 당연히 검단초등학교입니다."

인천광역시 서구 마전동 147번지에 검단초등학교가 위치해 있다. 검단에서 나고 자란 아이들의 추억이 고스란히 묻어 있는 이곳 검단초등학교는 이름 그대로 검단에 위치하고 있는 검단을 대표하는 초등학교다. 오래된 건물, 흙먼지 날리는 운동장. 그 어느 하나 검단초등학교를 기억하는 사람들에게 소중하지 않은 것이 없다.

〈그림 15-1〉 검단초등학교의 전경

세월이 흘렀지만 옛 기상을 그대로 담은
검단초등학교의 모습이 햇살 아래 굳건하게 서 있다.

검단초등학교는 일제강점기에 생겨난 검단 지역 최초의 초등학교이자 당시 유일한 교육기관이었다. 검단초등학교가 생기기 이전 여래마을에는 마땅히 배움을 펼칠 만한 장소가 없었다. 교통시설도 발달하지 않았던 그 시절에 글자 하나 배우려 치면 험한 고갯길을 돌고 돌아 서너 시간은 족히 걸어가야만 서당에 닿을 수 있었다. 하지만 애써 찾아간다 한들 워낙 글을 배우겠다고 몰리는 사람들이 많아서 글선생 얼굴도 보지 못하고 발걸음을 돌려야 하는 일이 허다했다.

그랬던 검단 한가운데에 교육시설인 학교가 들어선 것이다. 일제강점기라는 힘들고 열악한 시대적 상황에도 불구하고 검단초등학교가 개교하자 근처 두밀마을, 족저마을, 목지마을, 갈산마을 할 것 없이 일대의 아이들은 모두 이곳에 모여 배움을 펼쳤다. 이 시기 검단초등학교는 단순히 글을 배우고 셈을 가르치는 곳이 아니었다. 학교에 모인 아이들은 이곳에서 지식을 쌓고, 정신을 다지고, 향토 사랑의 마음을 길렀다. 작은 교정에 가득 찬 그 뜨거운 열정은 검단초등학교의 자랑이었고, 검단 모든 사람들의 동경이었다.

1932년 3월 8일. 이날이 검단초등학교의 첫날이었다. 검단초등학교의 교문이 열린 이래 반백년을 훌쩍 넘어선 지금, 흐르는 세월에 옛 모습은 사라지고 없지

〈그림 15-2〉 검단초등학교의 타임캡슐

아이들의 꿈과 희망을 담아 타임캡슐에 묻다. 과거에서, 현재에도 그리고 미래에도 검단초등학교에는 검단 지역 마을 아이들의 꿈과 희망이 담길 깃이다.

〈그림 15-3〉 검단초등학교의 시작과 초기 교사

검단초등학교가 처음 개교했을 때는 허름한 건물 하나에 운동장이라고 부르기에도 민망한 작은 교정이 전부였다.

〈그림 15-4〉 꿈과 희망의 산 역사, 검단초등학교

열악한 시대적 환경에서도 검단초등학교는 아이들의 꿈과 희망을 키워주는 역할을 했다.

만, 검단초등학교의 곳곳에는 그때 그 공무에 대한 마음이 고스란히 남아 있다. 배움에 대한 열정, 학교에 대한 사랑, 함께 공부한 친구들과의 추억, 검단 마을에 대한 자랑…… 이는 검단에서 최고(最古)의 교육기관인 검단초등학교 80여 년 역사의 흔적이고 기억이며 검단 사람들의 자부심이 아닐 수 없다.

"아이들에게 검단의 사랑을 가르쳤던 검단초등학교의 선생님"

임종림(남. 82) 씨는 검단초등학교 졸업생이다. 그가 학교에 갓 입학했을 무렵 검단초등학교는 그에게 무한하게 크고 넓은 곳이었다. 누구에게나 초등학교의 기억은 아름답다. 당시 그에게 교실의 책상과 의자, 칠판과 백묵, 운동장의 흙바닥은 그가 마음껏 배우고 신나게 놀며 꿈을 키울 수 있는 곳이었다. 그렇게 검단초등학교에서 꿈을 키우며 자란 그는 성인이 되어 검단초등학교에 교사 신분으로 다시 돌아왔다.

어린 시절 동경의 눈빛으로 바라보던 교탁에 서서 백묵으로 판서를 하며 수업을 진행하게 되었을 때의 그의 두근거림은 무어라 설명할 수 없었다. 설명한다고 한들 어디 그 벅찬 마음에 해당하는 말이 이 세상에 존재할 수 있을까. 수업을 듣는 아이들의 똘망똘망한 눈망울과 운동장을 땀나도록 뛰놀며 신나게 놀던 웃음소리는 그가 검단초등학교에 재학하던 그 시절과 조금도 달라진 바 없었다.

그가 검단초등학교를 졸업하고 교사가 되어 다시 검단초등학교에 돌아온 것

〈그림 15-5〉 검단초등학교 교사의 사택

옛날 검단초등학교의 교사들은 아이들을 가르치고 돌보고 학교를 관리하기 위해 사택에서 지내곤 했다.

〈그림 15-6〉 검단에 대한 사랑을 배우는 곳

배움은 학교 안에서만이 아니라 학교 밖에서도 이뤄졌다. 마을 사람들과 함께하는 모내기는 아이들에게 검단에 대한 사랑을 키워주었다.

은 자신에게 배움의 길을 터주고 배움의 꿈을 꾸게 해준 검단초등학교에 대한 고마움과 본인이 나고 자란 고향에 대한 사랑과 긍지 때문이었다.

임종림 씨는 교정에서 배운 꿈과 열정 그리고 사랑을 자신이 느낀 것처럼 고향의 후배들에게, 검단에서 나고 자란 아이들에게 전해주고 싶었다. 그래서 그는 망설임 없이 교사의 임지로서 고향인 검단을 선택했고, 여기에 돌아와 모교인 검단초등학교의 교사가 되었다.

그는 아이들에게 학교에서 배울 수 있는 것 이상을 가르치고 싶었다. 그래서 되도록 많은 시간을 아이들과 함께 보내며 아이들에게 검단의 얼과 숨결을 느끼게 해주고 싶었다. 오래전 검단에 뿌리내린 선조들과 부모의 삶, 그리고 앞으로 자신들이 이어나갈 검단에서의 삶을 아이들에게 가르치고 싶었다. 그래서 임종림 씨는 모내기철이면 아이들과 함께 논으로 나가 모내기를 했고, 가을이면 추수를 했다.

〈그림 15-7〉 아이들의 배움터이자 놀이터인 검단초등학교

아이들은 학교에서 배우고 놀면서 학교에 대한 사랑을 키웠다. 아이들에게 검단초등학교는 배움터이자 놀이터다.

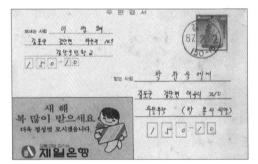

〈그림 15-8〉 검단초등학교, 그 유년의 추억

박찬욱 씨가 초등학교 시절 담임선생님께 받은 엽서다. 방학 동안 학생들에게 일일이 엽서를 쓰며 안부를 물었던 그 시절 선생님들의 마음 씀씀이가 그대로 전해진다.

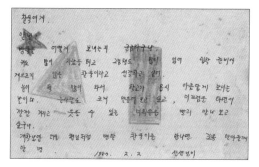

<그림 15-9> 유년의 추억이 고스란히 담긴 엽서

방학 동안 만나지 못하는 제자에 대한 걱정과
기대감이 담긴 엽서다. 사제 간의 정을 느낄 수 있는
한 장의 엽서를 받으면서 박찬욱 씨는 선생님이
더더욱 좋아졌다고 한다.

그의 어머니가 인절미라도 만들면 한 아름 학교에 가져와 아이들과 나누어 먹었다. 학교는 그의 일터이자 그의 생활이었고, 그가 꿈을 키워나간 꽃밭이었다.

그렇게 검단초등학교에서 보낸 세월은 그에게도, 그와 함께했던 제자들에게도 잊을 수 없는 추억이 되었다.

"검단의 향수, 옛 시절의 그리운 기억들"

초등학교 시절을 회고해보면 절로 웃음이 나는 기억들이 많다. 수업 시간에 몰래 도시락을 까먹던 일이며, 방과 후 친구들과 운동장에서 공을 차던 일, 짝꿍과 책상에 금을 그어놓고 이 금을 넘으면 뭐든 내 것이라고 말도 안 되는 다툼을 했던 기억까지. 그러고 보면 초등학교 시절 기억에는 열심히 공부한 기억보다는 신나게 놀고, 원두막에서 몰래 수박서리를 하는 등 사고를 치고 혼나던 기억이 더욱 많다.

초등학교 시절 가장 큰 사건을 몇 가지 꼽으라면 당연히 입학식과 졸업식, 그리고 운동회와 소풍일 것이다. 봄날 언 땅이 녹고 한해의 농사 준비를 시작할 무렵이면 검단초등학교의 입학식이 있다. 그러면 농사일을 잠시 멈추고 곱게 단장하신

부모님의 손을 잡고 새 옷, 새 가방, 새 신발에 신이 나서 설레는 마음으로 입학식을 치른다. 교단에 서서 환영사를 하시는 교장선생님 말씀은 듣는 둥 마는 둥 하며 같은 동네 친구, 옆 자리에 선 친구 녀석과 장난도 치고 간간히 운동장 뒤쪽에 서 계신 부모님을 찾아 두리번거리다가 선생님께 걸려 혼나기도 했다.

검단초등학교에 첫 발을 디딘 지 6년이라는 세월이 흐르면 검단의 아이들은 입학식날과 같은 자리에 서서 졸업식을 치른다. 교장선생님은 환송사를 읊으시고, 장난치던 녀석들도 제법 의젓하게 자라 그런 아이들의 모습을 선생님도 학부모들도 흐뭇한 표정으로 바라보며 졸업식을 치른다. 새로운 출발에 대한 기쁨과 정든 곳을 떠나는 아쉬움으로 웃음과 눈물이 함께하는 졸업식은 따뜻한 봄이 오기 전 늦겨울의 마지막을 장식한다. 아울러 졸업식은 부모님들에게는 농사의 시작을 알리는 시점이 되기도 한다.

〈그림 15-10〉 마을의 축제, 검단초등학교 가을 운동회

이 시절 검단초등학교의 가을 운동회는 학교의 축제가 아니라 온 마을 사람이 함께하는 마을 축제였다.

〈그림 15-11〉 하늘을 향해 솟아라, 차전놀이

검단초등학교의 상징이라고도 할 수 있는 플라타너스 나무를 배경으로 운동회의 하이라이트인 차전놀이가 한창이다.

검단초등학교의 가을 운동회는 늘 검단 지역 모든 마을의 잔치였다. 가을 운동회 단 하루를 위해 아이들은 1년을 준비하고 부모님과 마을 사람들을 초대한다. 열심히 준비한 공연을 부모님께 선보이기도 하고, 마을 사람들과 함께 공굴리기, 바구니 터뜨리기, 차전놀이,[1] 곤봉체조 등의 게임을 하면서 함께 즐기는 운동회 날에는 검단초등학교의 운동장은 물론 온 마을이 들썩들썩했다. 차전놀이 한바탕에 아이들은 물론 어른들까지 신이 났고, 운동회가 끝날 무렵이면 온 마을 사람의 마음이 하나로 이어져 뿌듯함이 차올랐다.

국가적으로 큰 행사가 있을 때는 검단초등학교도 더불어 시끌벅적해졌다. 1988년 서울올림픽이 열리던 그해에는 온 마을 사람들이 검단초등학교에 모여 서울올림픽 개최를 축하하고, 운동장에 모여 다 함께 대한민국 선수들의 선전과 승리를 목 놓아 응원하고 기원했다. 학교는 늘 학생들로, 마을 사람들로 사시사철 변함없이 북적였다. 말 그대로 검단초등학교는 아이들에게는 놀이터요, 어른들에게는 마을의 사교장이며, 공공의 장 역할을 수행했다.

지금도 하루 수업의 종료를 알리는 종이 울리고 나면 검단초등학교는 고요함

〈그림 15-12〉 잊을 수 없는 특별함, 88 서울올림픽

1988년, 그해 검단초등학교의 가장 큰 이슈는 단연 서울올림픽이었다.

---

1) 여러 사람이 함께 참여하는 민속놀이의 하나로 '동채'라는 기구를 만들어 양편으로 갈라져 밀어붙여 승패를 겨루는 경기다. 차전놀이의 기원에 대해서는 뚜렷한 기록이 남아 있는 것은 아니나 후삼국 말기 고려 왕소의 대조 왕건과 견훤이 싸운 고사에서 유래한다고 전한다. '동채싸움'이라고도 불리는 이 놀이는 경북 안동지방에서 가장 잘 전승되고 있으며, 무형문화재로 지정되어 전국의 여러 지방에서 매년 열리는 향토 문화행사에 등장하고 있다.

〈그림 15-13〉 세상에서 가장 멋진 우리의 놀이터, 운동장

검단초등학교의 운동장은 언제나 아이들로 복작거리던 그 시절 최고의 놀이터였다.

에 잠긴다. 하지만 다음날 아침이면 또다시 아이들의 웃음소리, 재잘거림이 마치 방앗간 앞 참새들의 정겨운 합창소리처럼 울려 퍼질 것이다. 그 소란스러움 속에서 검단초등학교 안에 추억이 쌓인다.

"크게 자라 검단의 쉼터가 되어라. 플라타너스 세 그루"

산이 낮고 평지가 발달한 검단은 예부터 논농사로 유명했다. 넓은 평야를 가득 채운 황금빛 곡식 물결은 보는 사람의 마음까지 저절로 배부르게 만들었다. 하지만 뜨거운 여름 한낮의 땡볕 아래 농사일을 하려 치면 시원한 나무그늘 하나 찾기 힘든 검단의 넓은 평야에서는 어지간한 곤욕이 아닐 수 없다. 근처에 가현산이 있기는 하나 군사지역으로 접근 제한 표시가 곳곳에 있어서 논 한가운데 정자를 만드는 등 일하는 짬짬이 쉴 수 있는 장소를 마련했다.

검단초등학교 운동장 한쪽에 자리하고 있는 세 그루의 플라타너스 나무는 무더운 여름철 마을 사람들의 좋은 쉼터다. 운동장에서 뛰어노는 아이들에게도 휴식터이자 놀이터의 역할을 하기도 했다. 이제 검단초등학교의 플라타너스 나무는 마

〈그림 15-14〉 검단초등학교의 상징, 플라타너스

검단초등학교 교정에 우뚝 솟은 플라타너스 세 그루는
검단초등학교의 상징과도 같다.

〈그림 15-15〉 검단초등학교에 꿈을 심은 사람들

검단초등학교 23회 졸업생들이 교정에서 찍은
사진이다. 흰 저고리와 검정 치마, 그리고 단정한 검은
단색의 교복을 보니 옛날 교정을 거닐던 학생들의
모습이 눈에 아른거린다.

치 삼총사처럼 우정을 상징하는 검단초등학교의 랜드마크 역할을 톡톡히 한다.

검단초등학교에 언제 세 그루의 플라타너스 나무를 심었는지, 누가 심었는지
는 확실하게 전해지는 바 없다. 다만 지금 학교에 다니는 아이들, 앞으로 검단초등
학교에 다니게 될 아이들이 자연을 느끼고 자연과 함께 자라길 바라는 마음에서
심었다고 전해진다. 한 해 한 해 무럭무럭 자라 깊게 뿌리를 내리고 너른 가지를
펼쳐 맑은 공기와 신선한 푸름, 그리고 시원한 그늘을 만들어주는 플라타너스 나
무의 그 굳건함과 넉넉함을 배우길 바랐단다. 아이들은 세 그루의 플라타너스 나
무를 심은 그 사람의 마음을 알기에 정성으로 나무를 보살폈고 그 덕분에 나무는
무럭무럭 자라났다.

세 그루의 플라타너스 나무가 받은 양분은 비단 물과 햇빛만은 아니었을 것

이다. 아이들의 배움에 대한 열정, 그 순수한 꿈과 희망, 그리고 나무를 찾아와 사람들이 나누는 이야기, 웃음과 기쁨. 이 모든 것이 지금의 검단초등학교 플라타너스 나무를 키웠다. 지금까지처럼 앞으로도 이 플라타너스 나무는 검단 학동들의 꿈을 먹고, 검단 사람들의 추억을 품고 그렇게 검단초등학교의 운동장 한쪽에 굳건하게 자리할 것이다.

16장.
마을의 고인돌, 아이들의 놀이 공간

"인간 역사의 흔적, 대곡동 지석묘"

지석묘(支石墓)는 흔히 '고인돌'이라고 부르는 선사 시대의 무덤이다. 이 시기에 인간은 척박한 땅에서 도구를 만들어 수렵과 채집을 통해 생명을 연장해왔다.[2] 그리고 벽화와 토기, 칼, 화살촉 같은 각종 도구, 그리고 무덤을 통해 그들의 존재와 삶의 방식을 후손들에게 알렸다. 고인돌은 선사 시대에 인간이 살았던 흔적이자 그들의 활동을 기억할 수 있는 통로다.

---

2) 고인돌은 계급 분화가 시작된 청동기 시대에 주로 만들어진 것으로 추정된다. 주로 경제력이 있거나 정치 권력을 가진 지배층의 무덤으로 돌화살촉이나 간검돌, 민무늬토기, 청동 제품 등이 주요 부장품으로 발견되곤 한다. 고인돌은 '괸돌' 또는 '고임돌'에서 유래된 것으로 추측된다. 지역에 따라 조금씩 형태의 차이가 있으나 고인돌은 일반적으로 받침돌 위에 커다란 덮개돌을 올린 탁자 모양을 띤다. 우리나라 민속에서는 고인돌의 덮개돌 모양이나 군집의 형태, 그리고 남겨진 전설에 따라 특별한 이름들로 불리곤 한다. 특정 지역 방언에서는 거석을 '독'이나 '바우'라 하는 데서 '독바우', '바우배기', '독배기' 같은 이름이 나왔으며, 군집된 모습이 장기일 같다고 해서 '장기바우'라고도 불렀다. 인천시 강화군의 강화역사박물관의 고인돌 공원, 고창 고인돌 박물관, 순천 고인돌 공원 등에서 고인돌의 형성과 역사에 대해 학습할 수 있다.

고인돌은 밑에 일명 '지석(支石)'이라 부르는 고임돌을 두고 그 위에 덮개돌을 얹는 형태로 만들어지는데, 중간에 묘실(墓室)이 존재하며, 묘실 안에는 유골과 함께 부장유물이 발견되기도 한다. 이러한 지석묘의 대부분이 무덤으로 사용되었으나 간혹 일부는 집단의식을 행하는 제단(祭壇)이나 기념물로 사용된 것으로도 밝혀졌다.

　　우리나라에는 전국적으로 4만여 기에 달하는 지석묘가 확인되었으며, 인천

〈그림 16-1〉대곡동 지석묘 조사지역 위성사진

대곡동 지석묘군을 발견하기 위해 조사를 펼쳤던 인근 지역에 관한 위성사진이다.

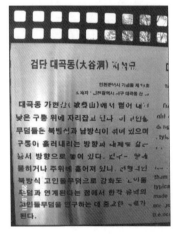

〈그림 16-2〉검단 대곡동 지석묘 표지판

인천광역시 문화재 제33호로 지정된 대곡동 지석묘에 관한 안내가 적혀 있는 표지판이다.

〈그림 16-3〉 대곡동 지석묘

대곡동 지석묘군에 위치하고 있으며 대표적으로
보호를 받고 있는 지석묘 중 하나다.

지역에는 강화도를 비롯하여 인천시 서구와 남구에서 지석묘가 발견되었다. 대곡동 지석묘군은 해발 214m인 가현산 북쪽 산록에 자리 잡고 있는데, 경기도 김포시 마산리의 경계에 있는 A군부터 황골마을에 위치한 E군까지 총 다섯 개의 군 100여 개의 지석묘로 이뤄져 있다.

지석묘 다수의 기가 군집적으로 분포하고 있는 대곡동 황골지역은 지형상 한강의 지류인 나진하천 유역권에 속한다. 이 일대는 가현산을 등지고, 소하천을 바라보며 좌우로 나지막한 구릉이 유적지를 둘러싸고 있는 전형적인 배산임수(背山臨水) 지형으로 퇴적평원이 넓게 자리하고 있어 선사시대 취락 입지의 전형적 조건을 갖췄다고 볼 수 있다.

인천에서는 강화도와 문학산 일대에도 지석묘가 발견되었으나 한 장소에서 70기 이상의 지석묘가 발견된 곳은 대곡동 지석묘가 유일하며, 이는 내륙에서 가장 많은 고인돌이 밀집되어 있는 것으로 알려져 더욱 의미가 있다.

"묻혀진 역사를 찾는 손길"

인천시 서구 대곡동 일대의 지석묘는 1977년에 간행된 『문화유적총람(文化遺跡總攬)』에 그 존재가 처음 기록되어 있다. 그러나 그 내용은 매우 간략한 것으로 두밀부락 입구에 10여 기의 지석묘가 군집되어 있다는 것이 전부였다. 이후 1990년 서울대학교 박물관에서 간행한 「연보(年報) 2」에 사진과 함께 분포약도가 소개되었고, 1992년 「김포군지(金浦郡誌)」에 비로소 대곡동 지석묘가 대곡리 지석묘 A군과 B군으로 나뉘어 비교적 자세히 설명되고 있다. 이후 대곡동이 김포에서 인천으로 행정구역이 재편되어 2005년 인하대학교 박물관 주도하에 대곡동 지석묘 군집에 대한 대대적인 조사연구가 진행되었으며, 이에 따른 정밀지표조사 보고서가 간행되었다.

2005년 인하대학교 박물관은 인천광역시 서구청의 의뢰를 받아 서구 대곡동 산 123-1번지 일대에서 대곡동 지석묘군에 대한 정밀조사를 진행했다. 이는 대곡동 지석묘군을 정비하여 역사교육의 장으로 활용하고자 하는 목적에서 출발했다. 인하대학교 박물관이 처음 조사에 착수한 2005년 3월 당시 대곡동 지석묘군은 인

〈그림 16-4〉 인하대학교 박물관의 대곡동 지석묘 보고서

인하대학교 박물관은 대곡동 지석묘에 관한 조사연구를 진행하여 그 결과를 보고서로 작성했다.

천광역시 기념물 제33호로 지정되어 있었으나, 100여 기 중 단 7기만이 문화재로 지정되어 있었고 관리상태도 매우 부실했다. 따라서 인하대학교 박물관은 대곡동 지석묘의 현황을 파악하고 이를 지표화하여 이후 지석묘가 보존 및 관리될 수 있도록 하기 위해 대곡동 지석묘군을 A~E까지의 5개 군으로 나누어 개별 지석묘의 크기, 형식, 재질, 장축 방향, 석재 형태 등을 사진과 함께 정리하여 보고서를 발표했다. 그 결과 A군에 1기, B군에 6기, C군에 75기, D군과 E군에 각각 8기와 9기 등 총 99기의 분포된 지석묘를 확인했다.

인하대학교 박물관의 조사로 대곡동 지석묘에 대한 지표조사가 어느 정도 정리되어 있다고는 하지만, 위의 기관이 대곡동 일대를 조사한 것은 2005년으로 지금과는 시기적으로 차이가 있고, 또 지표면 위로 드러난 현상만을 기준으로 하여 조사한 결과이기 때문에 대곡동 지석묘의 실제 규모는 그 이상일 수도 있고 그 이하일 수도 있다. 다만 대곡동 지석묘 유적의 지석묘군을 모두 5개로 분류할 수 있다는 것만은 분명하다. 그리고 이 중에서 성혈(聖穴)과 채석흔(採石痕), 덮개돌은 받친 판돌 등이 뚜렷하게 확인된 것만 꼽더라도 최소 24기는 된다고 인하대학교 박물관 측은 기록하고 있다.

"발굴과 개발, 우리가 지켜야 하는 것들"

대곡동 지석묘군이 위치하고 있는 황곡마을은 '황골마을'로도 불리는데, 배산임수의 지형과 너른 퇴적평야를 지니고 있어 예부터 취락 입지로서 최적의 조건을 가졌을 것으로 보인다. 이를 증명하듯 황곡마을은 웃말, 건넌말, 큰사골의 3개 자연부락으로 이뤄져 있다.

천혜의 자연적 조건으로 예부터 사람들이 모여 살던 황곡마을 일대에는 돌과 관련된 민간신앙이 많이 전해져온다. '삼형제 바위'가 대표적인 예로, 무당들이 이 바위를 신성시 여겨 제사를 지냈다고 전해져온다. 황곡마을은 특히 고인돌이 있는 마을로 유명한데, 현존하는 지석묘만 해도 50기가 넘는다. 현재 이 일대에 거주하고 있는 50세 이상 주민의 이야기에 따르면 예전에는 돌칼 등이 지석묘 주변에서 많이 나와 어린 시절에 그것들을 장난감처럼 가지고 놀았다고 한다.

또 마을에서는 지석묘가 앉아 있는 형태를 보고 마을의 길흉을 점치곤 했다고 한다. 고인돌이 높게 오른 곳의 마을은 그해 풍년이 들고 마을 사람들이 잘 살게 되는 반면, 고인돌이 주저앉은 곳은 그해 마을에 흉년이 들고 사람들이 가난해진다고 여겼단다. 그래서 일부러 고인돌에 돌을 괴어놓기도 했다.

황곡마을 일대에서는 일찍이 가현산을 중심으로 무속신앙이 발달했음을 알려주는 흔적들이 곳곳에 남아 있는데, 고인돌과 함께 전해지는 돌 숭배의 민간신앙은 지석묘의 보호와 함께 후세에 전해져야 할 검단의 역사다.

현재 인천광역시는 대곡동 지석묘를 인천광역시 문화재 제33호로 지정해 보호하고 있으며, 서구청에서는 이 일대를 보호함과 동시에 문화유적공원으로 개발하려는 움직임이 활발하게 진행되고 있다. 그러나 시대는 급변하고 있고, 검단 역시 변화의 바람 한가운데에 놓여 있다. 문화재 발굴 목적으로 대곡동 지석묘가 발견되고 보호·관리되는 것은 더없이 좋은 일이지만, 도시 개발 과정에서 이러한

〈그림 16-5〉 대곡동 지석묘군 전경(항공촬영)

대곡동 지석묘군은 발굴을 통해 현재 지켜지고 있는, 그리고 지켜야 할 검단의 역사이자 우리의 역사다.

문화재들이 훼손되는 문제가 발생하기도 한다. 인하대학교 박물관 조사 보고서 내용에 따르면 현재 대곡동에 남아 있는 지석묘를 조사한 결과 지석묘의 붕괴가 단순한 자연현상이 아니라는 점은 우리가 반드시 주목해야 할 부분이다.

물론 더 이상의 문화재가 유실되고 훼손되어 후손에게 검단의 역사를 전달하지 못하게 되는 일은 당연히 막아야 한다. 그러기 위해서는 대곡동 지석묘의 현황을 수시로 파악하고 지속적인 연구를 진행하며, 문화재로 지정하여 보호 · 관리하는 것이 당연한 일이다. 그러나 발굴 과정이 개발 과정의 전철을 밟아서는 절대 안 될 것이다. 우리가 미래에 전달해야 할 것은 과거 그대로의 유적이지, 개발을 통해 변질되어 재탄생한 산물(産物)이 아니기 때문이다.

오랜 시간 그 자리에 남아 꿋꿋하게 검단을 지켜온 역사의 흔적 지석묘가 보호와 관리라는 명분 아래 개발되어 역사적 의미를 잃지 않기를 진심으로 바란다.

17장.
검단선사박물관, 옛날 옛적의 기록

"인천의 살아있는 역사, 인천광역시 검단선사박물관"

인천 지역의 유일한 선사 시대 유물 전시 시설이 있는 인천광역시 검단선사박물관은 2008년 개관했으며, 우리 조상의 숨결을 고스란히 간직하고 있다.

1999년 인천시 검단지구 토지구획정리사업으로 인천시 서구 마전동·불로동·당하동·원당동 일대를 택지개발 하는 과정에서 대규모 선사 유적이 발굴되었다. 이에 따라 발굴유물의 처리방안을 협의하는 과정에서 지역주민의 지역사(地

〈그림 17-1〉 인천광역시 검단선사박물관 전경

서구 원당동 아파트로 둘러싸인 공간에
검단선사박물관이 고즈넉이 자리 잡고 있다.

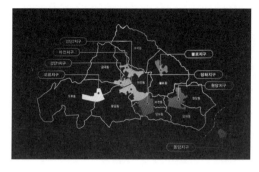

<그림 17-2> 인천 검단지구 선사 유적 발굴지

검단선사박물관 전시실의 전시물로 인천 지역에서
발굴된 선사 시대 유적 발굴지를 알기 쉽게 지도에
표시해놓았다.

域史) 이해 및 해당 유적의 보존 차원에서 원당지구 내에 선사박물관을 건립하기로
결정하게 되었다. 선사 시대를 테마로 한 박물관은 상설전시실, 기획전시실, 체험
학습실로 구성되어 있다.

"함께 노력하는 검단선사박물관 사람들"

검단선사박물관이 개관한 지 햇수로 3년째가 되어간다. 그동안 많은 관람객
이 다녀갔고, 만족한 관람객이 자신의 인터넷 블로그에 관람후기를 남기면서 검단
선사박물관은 자연스럽게 더 많이 알려지게 되었다. 이렇게 되기까지는 검단선사
박물관 김상종 관장 외 직원들의 숨은 노력 때문이었다.

현재 검단선사박물관은 박물관장을 중심으로 전시실 및 박물관 교육프로그
램을 기획 운영하는 학예연구실과 예산 및 시설물을 담당하는 관리실로 구성되어
있다. 처음에 프로그램을 기획할 때부터 문화재 위원들이 위촉되어 콘셉트를 구성
하게 되었는데, 지상 2층 지하 1층 연면적 1,894m²(약 576평) 규모의 박물관에는 구
석기 시대부터 조선 시대까지 상설전시와 함께 6개월에 한 번씩 기획전시를 열고

<그림 17-3> 관람후기 작성코너 '나도 한마디'

어린이 관람객에게 큰 호응을 얻고 있는 관람후기 작성코너에 작성된 글이다.
"또 오고 싶어요."
"정말 재미있었어요. 가짜가 진짜 같았어요. 너무너무 신기했어요."

<그림 17-4> 3D 영상을 관람 중인 어린이들

1층 상설전시실에 배치된 3D 영상은 청동기 시대 생활상을 재현하여 관람객의 이해를 돕고 있다.

있으며, 아이들에게 친근한 박물관이 되기 위해 체험학습실 프로그램을 만드는 등 학예사들이 여러 가지 노력을 기울이고 있다.

"검단선사박물관의 두 가지 자랑거리"

검단선사박물관의 자랑으로는 크게 두 가지를 들 수 있다. 하나는 선사 시대를 테마로 한 전문 박물관이라는 것이다. 검단·원당·동양·불로 지구에서 출토된 선사 시대 유물을 구석기·신석기·청동기 시대 등 시대별·지역별로 전시하여 한눈에 인천의 선사문화를 볼 수 있는 곳이다. 박물관이 보유하고 있는 1,800여 점의 유물은 찬란했던 인천의 역사를 엿볼 수 있게 해준다.

또 하나는 어린이 및 청소년들의 선사문화 교육의 장으로 활용되고 있다는 것이다. 2층에 위치한 선사문화체험장에는 뗀석기, 간석기 등 선사 시대 유물모형을 직접 만져보고 체험해봄으로써 선사 시대에 대한 이해를 도와주는 공간이 마련되어 있다. 박물관에서 가장 인기 있는 장소로, 단순히 문화적인 공간만이 아니라 직접 경험해볼 수 있는 공간으로 말 그대로 살아있는 박물관을 실천하고 있다. 앞으로도 인천의 선사문화를 더 많은 관람객이 배우고, 직접 만들어보고, 탐구할 수 있는 박물관을 만들기 위해 오늘도 내일도 쉼 없이 노력한다.

〈그림 17-5〉 검단선사박물관 제1전시실 신석기마을

검단선사박물관은 선사 시대의 생활을 그대로 재현해놓아 박물관 관람을 통해 검단 지역의 역사를 이해하고 우리나라 선사문화의 흐름을 파악할 수 있게 한다.

〈그림 17-6〉 유물모형 체험을 위한 선사문화체험장

2층 체험학습실은 선사 시대 문화를 직접 체험해볼 수 있는 이색적인 공간으로 뗀석기 및 간석기를 비롯한 각종 선사 시대 유물을 직접 만져볼 수 있다.

18장.
삶의 터전으로서 마을의 기억

"한 해 농사가 잘 되길 바라는 마음으로 새 봄에 파종을 한다."

    마전동은 검단의 다른 지역에 비해 산이 적고 굴곡은 적은 평지로 이뤄져 있다. 마전동이라는 마을 유래 역시 '넓은 밭이 있는 마을'이라는 뜻이다. 혹은 예전부터 삼을 많이 길렀기 때문에 붙여진 이름이라고도 한다.

    마전동 가현마을의 신광균 씨는 지금은 택지로 구성된 논에서 볍씨를 뿌린 기억을 이야기한다. 농사를 짓는 데 이용하는 기계가 많이 발전하고 보급되었지

〈그림 18-1〉 씨를 뿌리는 검단의 농부

신광균 씨는 지금은 농사지을 번번한 땅이 없지만, 개발 이전의 자신이 농사지었던 들판을 회상한다. 당시 논에 볍씨를 뿌리던 모습의 배경으로 찍힌 산이 바로 가현산이다. 이 산은 일대에서 가장 높은 산으로 옛적에는 호랑이가 나올 정도로 산림이 우거지고 골이 깊었다고 한다. 실제로 인근에 채집된 전설 중 '가현산 호랑이 전설'이 있다.

만, 약 30년 전만 하더라도 농사의 대부분은 사람들의 땀과 손, 한 해 농사가 잘 되길 바라는 마음으로 지어졌다고 한다.

동네 어르신의 환갑잔치가 열리는 날은 옆 동네 친구까지 불러 구경을 하곤 했다. 평소와는 달리 좋은 옷을 입은 어르신들 모습에서 높이 쌓아 올려진 맛있는 음식으로 눈을 돌리다 보면 어느새 입 주변엔 진득한 침이 흐르고 있었다.

당하동 허수웅 씨는 자신의 약혼식을 회상하며 상기된 표정을 지었다. 중매결혼이 대부분이던 시절, 결혼하고 살을 맞대고 살면서 정붙이고 산다는 부부가 더 많던 시절, 서로의 마음을 확인하고 사랑을 확신하여 결혼을 약속한 커플은 그리 많지 않았다. 사진은 서로를 아끼고 사랑하여 결혼을 약속하는 약혼식 사진이다.

〈그림 18-2〉 마전동 가현마을, 어른을 공경하는 마음

어머니,
제가 더 좋은 집에서 어머니를 모시고, 더 맛있는 음식으로 어머니를 즐겁게 하고, 더 나은 효행으로 어머니를 기쁘게 할 때까지 건강하게 오래오래 사셔요.

〈그림 18-3〉 당하동 독정마을, 오붓한 부부 사이(약혼사진)

당하동 허수웅 씨는 요즘 행하지 않는 약혼식을 행한 주인공이다. 약혼은 결혼을 예정하는 의미의 중요한 통과의례였는데 지금은 사라진 검단의 들판과 같이 약혼의 모습은 찾아보기 힘들다.

〈그림 18-4〉 수줍은 첫날밤의 추억

내가 주는 술을 한 잔 받으시오. 내가 주는 술은 술이
아니라 앞으로 평생 당신만을 생각하고 사랑하며,
어려운 일이 생기면 내가 먼저 그 길을 헤치고 당신과
함께 같은 길을 걷겠다는 약속이오.

〈그림 18-5〉 당하동 광명마을 신랑과 김포 신부

검단 지역은 지역의 특성상 인접 지역인 김포 사람을 만나 결혼까지
이어진 경우가 많다.

　　불로동 목지마을의 정호실 씨는 혼인의 첫날밤을 기억한다. 일가친지들을 모
시고 백년가약을 맺은 결혼식을 치른 그날 저녁, 수줍은 신부를 달랬던 추억이 새
록하다.

　　당하동 광명마을에 사는 민영식 씨는 당시 현대식 결혼이 유행하여 현대식으
로 예식장에서 결혼식을 올렸다. 당하동 시골 총각이 김포 시내 신부를 데려온 것
이다.

　　민영식 씨의 아내는 굳이 자신의 이름을 밝히길 꺼려하셨다. 그녀가 기억하
는 결혼 초기 시모와의 관계를 이야기한다. 이제는 추억이 되어버린 고부간의 이

야기가 정겹다.

광명마을 민영식 씨는 부지런한 청년이었다. "경운기는 단순한 농기구가 아니야. 경사도 많고 길이 험한 검단 지역에서는 경운기가 자동차의 역할도 해냈어. 마을 어르신이 물건을 팔러 장에 갈 때도, 아이들이 학교에 갈 때도 경운기가 덜덜거리며 그들을 실어 나르곤 했지"라고 옛날 청년 시절을 회상했다.

"함께하던 광명기동순찰대가 새삼 그리워진다."

민영식 씨는 유난히 마을을 사랑한다. 내 마을은 내가 지킨다. 광명마을 주민은 '광명기동순찰대'라는 푯말을 단 봉고차가 보이면 손을 흔들며 반가워했다고 기억한다. 마을을 지켜줄 뿐만 아니라 아이들의 등하굣길, 어르신 병원 가시는 길을 함께하던 광명기동순찰대가 새삼 그리워진다.

당하동 광명마을의 심오섭 씨는 박정희 정부 시대의 새마을운동을 기억한다. 당하동 광명마을은 새마을운동이 매우 성공적으로 이뤄진 마을이다. 새마을운동으로 광명교도 보수되었고, 논에 물을 대기도 훨씬 수월해졌다고 한다.

〈그림 18-6〉 당하동 광명마을 시어머니와 며느리

하나하나 차근차근 가르쳐줘야 해. '제기는 이렇게 닦는 거다, 이렇게 정리하는 거다, 여기에 두는 거다.' 내가 이렇게 가르쳐주면 우리 며느리는 그걸 잊어버리지 않고 다음부터는 알아서 일을 척척 해내곤 하지.

〈그림 18-7〉 당하동 광명마을, 즐거운 경운기 운전

한때 우리나라 농촌에는 경운기가 붐이었다. 지금은 트랙터, 농사용으로 개조한 차량 등이 사용되고 있다. 이때 경운기는 가장 훌륭한 농사 파트너였으며, 웬만한 집안에는 경운기가 한 대씩 있곤 했다.

〈그림 18-8〉 당하동 광명기동순찰대

한때 당하동 일대에는 값싼 부동산 가격으로 인해 서울, 인천, 김포의 소규모 제조공장들이 난립하기 시작했고, 외부인의 유입이 많아짐에 따라 마을의 치안을 위한 순찰대를 자발적으로 조직해 운영하였다.

〈그림 18-9〉 당하동 광명마을, 새마을 깃발

박정희 시대에 생긴 새마을운동, 독재식 농촌개혁운동으로 자율적으로 운영되던 농촌 사회의 조직에 새마을지도자 등이 나타나 계급적인 위계조직으로 변화했고, 새마을지도자는 마을회관에 둔 새마을기 게양을 비롯하여 마을 입구에 둔 새마을기 관리를 담당했다.

〈그림 18-10〉 검단초등학교에서 열린 1984년 농협 새농민대회

새마을운동과 함께 농촌사회의 변화를 주도하던 또 다른 기관의 하나가 농협이다. 농협이란 농촌협동조합인데 새마을운동처럼 새농민이란 용어가 눈에 띈다.

마전동 안산마을 이재호 씨는 농협 조합원으로서 농협의 각종 행사를 기억한다. 1984년 농협새농민대회가 열렸다. 검단초등학교에서 지역의 농민들이 모인 이 행사는 농민 간의 화합과 함께 자신이 지닌 노하우를 공유하고 배울 기회가 되었다.

이재호 씨의 중년 시절, 마을의 각종 일을 해결하던 일꾼이다. 비탈진 곳에 위치한 논밭이나 오랫동안 묵혀두었던 땅을 개간할 때는 트랙터가 사용된다. 트랙터의 로터리 날이 돌아가면서 뭉친 흙을 잘게 부수면 농부의 엉킨 마음도 함께 풀어지곤 했다.

이재호 씨는 1955년 10월의 고등학교 친구들을 회상한다. 교복을 입은 학창 시절의 네 청년이 검단초등학교에 모였다. 모교는 졸업했을 때와 비교해 크게 달라진 것이 없었지만 청년들의 키와 마음은 부쩍 자라 있었다.

〈그림 18-11〉 마전동 가현마을 밭을 가는 트랙터

이재호 씨는 청년 시절 가장 멋진 새마을지도자 중 한사람이었다. 그의 활동은 마을 혁신을 주도했고, 전국각지에 자신의 농업 비법 및 농정에 대한 노하우를 전수해줄 정도로 바빴던 분이었다.

〈그림 18-12〉 마전동 검단초등학교에서 친구들과 함께

이재호 씨의 친구 네 사람. 일명 검단을 주름잡았던 검단 사총사이다 당시 폭넓은 교복바지가 유행이었다.

<그림 18-13> 우애 좋은 이재호 씨 형제

유독 농사지을 땅이 많았던 이재호 씨는 원두막을
손수 만들어서 여름을 지내곤 했다.

<그림 18-14> 검단면 새마을지도자 하계 수련대회

박정희 시대에는 이런 새마을지도자 수련회가
많았다. 농촌개혁의 원동력이 되었던 새마을운동과
새마을지도자들의 진지한 모습들.

이재호 씨는 우애 좋은 형제관계를 자랑했다. 원두막은 밭일을 하다가 잠시 올라가 휴식을 청하는 데 안성맞춤인 장소다. 짚으로 엮인 지붕 아래에서 새참을 먹고 달콤한 낮잠을 자면 오전 내 일하며 쌓였던 피곤함이 어느새 말끔히 사라졌다.

이재호 씨는 마을의 지도자였다고 자랑스레 이야기한다. 1993년 8월에 열린 새마을지도자 하계 수련대회는 각 마을의 부녀회장이나 이장, 청년회장이 모여 새마을네트워크를 구축하며 마을과 지역의 발전을 꾀하던 자리다.

대곡동 두밀마을 박봉서 씨는 한 장의 사진으로 어린 시절을 회상한다.

"초등학교에 들어가기 전부터 형과 나는 서로를 지켜주는 기둥이었다. 동네 아이들도 우리 형제는 함부로 건드리지 못할 만큼 우애가 깊었다. 할아버지가 된 지금도 우리는 그때처럼 서로를 생각한다."

〈그림 18-15〉 대곡동 두밀마을 두 형제

형과 나는 서로를 지켜주는 서로의 기둥이었다. "그때는 저렇게
까까머리를 깎았어요." 과거를 회상하는 박봉서 씨의 눈에서는 그리움이
묻어났다.

〈그림 18-16〉 4-H 지도자반 제1기 수료기념

한국에서는 일제강점기부터 4H클럽이
결성되었지만 본격적인 활동이 있었던 것은
1960년대 이후였다. 민간주도형의 대표적인
계통적 지역사회운동이었지만, 정부가 농촌
청소년들에 대한 사회교육을 목표로 착수한 것으로
농촌지도사업의 중요한 모체가 되었다.

박봉서 씨는 4-H[Health, Hands, Heart, Head(건강, 손, 마음, 머리)] 활동을 했다고 한다.[3)]
4-H 지도자반 제1기 수료 기념사진이다. 경기도 수원에서 4H와 관련된 교육을

---

3) 4H클럽은 10~21세의 청소년들이 참여하며 약 80개국에 퍼져있지만 주로 미국과 캐나다에서 활동하고
있는 단체이다. 4H라는 이름의 의미는 다음의 맹세를 통해 알 수 있다. "나는 나의 클럽과 나의 공동체와
나의 나라를 위하여/나의 머리(Head)를 더 명철하게 생각하는 데/나의 가슴(Heart)을 더 위대한 자부심을
가지는 데/나의 손(Hand)을 더 큰 봉사를 하는 데/나의 건강(Health)을 더 나은 삶을 위해 바치기로 맹세
한다."
특이한 점은 4H클럽이 농촌 젊은이들만의 조직이 아니라는 점이다. 농촌가정출신 50% 정도, 농촌 비농
가 출신 30%, 도시지역출신 20%가량으로 구성되어있다. 규모는 각기 다르지만 평균 20~30명의 회원을
가진 각 지역 클럽에서는 자체의 간사를 선출하여 운영한다. 또한 1명 이상의 성인지도자의 안내와 지시
를 받아 자체 프로그램을 계획하고 실행한다.

〈그림 18-17〉 당하동 광명마을 광명교 준공식
(1996년 5월 13일)

이 사진은 광명마을 주민이 그토록 고대했던 광명교
준공식의 모습이다. 당시 권중광 서구청장 이하
관계자들이 횡렬로 서서 테이프커팅을 기다리고 있다.

**〈그림 18-18〉 당하동 광명마을, 겨울 농민교육 생활
개선반**

당하동 광명마을의 지역사회공동체조직은 유난히
활동적이다. 광명마을의 회관에는 늘 사람들이
모인다. 각종 마을의 현안에 대한 논의, 마을제사인
당고사를 공동으로 행하는 장소이기도 하다. 특히
마을의 여성들은 스스로 농촌사회를 개선하려고
노력해왔다. 그중 하나가 농한기의 부업을 통한
농가수익 개선에 대한 관심이다.

〈그림 18-19〉 검단여성유도회 결성식

유교가 남성의 전유물만은 아니다. 청마 마을 이종백
씨는 검단 여성유도회 조직을 활성화하기 위해
노력해온 분으로 유고가 우리 모두의 전통의 계승,
정신의 혁명을 가져오는 것이고, 이는 성적 차별을
지녀서는 안 된다고 강조하셨다.

〈그림 18-20〉 당하동 광명마을 농부와 누렁이

앞에 있는 소는 1981년에 태어난 누렁이다. 아직
송아지인 누렁이의 어미는 농부 뒤로 보이는 노란
소다. 이름처럼 노란 송아지와 그와 똑같은 어미 소.
소도 제 어미를 닮는구나.

받고 지도자가 되어 돌아온 검단의 청년은 검단의 지도자로 봉사하는 삶을 살고 있다.

당하동 광명마을의 심오섭 씨는 자신의 마을에 들어선 다리 공사를 기억한다. 드디어 광명교 재설치 공사가 끝나 주민의 불편함이 사라졌다.

심오섭 씨는 1992년 당하동 광명 마을회관에서 열린 겨울 농민교육 현장을 기억한다. 겨울 농민교육 생활개선반은 지역주민을 교육하고 토론을 통해 광명마을 사람들이 좀 더 나은 삶을 영위할 수 있도록 도와주었다.

마전동 청마마을의 이종백 씨는 지역사회 유도회 활동에 열심이다. 전국에서 손꼽힐 정도로 활발한 활동을 하고 있는 검단유도회에서 2007년 검단여성유도회를 결성했다. 여성 역시 유교의 도를 행하고, 시대를 올바르게 보고 사회에 봉사할 수 있도록 도와주는 여성유도회의 발전이 기대된다.

당하동 광명부락의 심오섭 씨는 소도 여러 마리 키웠다. 농사일을 하려면 소를 잘 먹여야 한다는 말씀을 강조하셨다. 소는 농사 활동에 없어서는 안 될 중요한 존재다.

19장.
검단초등학교의 기억과 흔적

"현재 초등학생 자녀를 둔 어머니들은 어떤 마음일까?
예나 지금이나 자식을 걱정하는 어머니의 마음은 여전할 것이다."

검단초등학교는 검단 지역 마을 주민의 교육의 장을 넘어 사교의 장소, 친목의 장소였다. 마을 주민에게 검단초등학교는 또 다른 고향이 아닐 수 없다. 6년간의 어린 시절 추억들이 고스란히 남아 있기 때문이다. 학교는 단지 학생들에게 지식만 전수해주는 곳이 아니다. 지역사회의 유대감, 지역문화의 정체성 형성에 중

〈그림 19-1〉 검단초등학교의 삼총사

검단 사람들은 자신의 학창시절을 회상할 때면
검단초등학교를 찾아간다. 이들에게 검단초등학교는
또 다른 고향인 셈이다.

<그림 19-2> 검단초등학교 수업의 기억

필자가 만난 대부분의 검단 토박이들은 검단초등학교 시절의 사진을 즐겨 찾아 과거를 회상한다. 이미 도시로 변한 고향에서 바뀌지 않은 검단초등학교는 유일한 향수의 원천이다.

<그림 19-3> 검단초등학교 총동창회 체육대회

체육대회와 소풍은 비단 검단 마을의 아이들만의 잔치가 아니었다. 특히 체육대회 때는 모든 마을 사람들이 검단초등학교를 찾아와 청군, 백군으로 나뉘어 하루를 즐겼다.

심이 되는 곳이기도 하다.

검단에서 나고 자란 검단 지역 주민은 청년으로 성장한 후에도 어린 시절의 기억과 추억이 남아 있는 공간인 검단초등학교에서 그 시절 즐거웠던 이야기를 나눈다.

몸집에 비해 큰 가방을 메고 등교하는 아이의 뒷모습을 보던 어머니는 우리 아이가 잘 하고 있을까 언제나 걱정이었지만, 수업참관에서 본 아이들의 초롱초롱한 눈망울에 아이들에 대한 믿음이 생겼다고 한다. 현재 초등학생 자녀를 둔 어머니들은 어떤 마음일까? 예나 지금이나 자식을 걱정하는 어머니의 마음은 여전할 것이다.

"검단초등학교 체육대회는 많은 기수의 선후배들이 모이는 자리여서 추억을 이야기한다."

검단 지역 주민의 배움터인 검단초등학교는 총동창회와 체육대회의 참석률이 높은 편이다. 어른이 되어서도 모교와 지역사회의 발전을 위해 열심히 뛰는 그들의 모습이 즐거워 보인다.

어려운 시절이었지만 배움에 대한 열망으로 눈이 오나 비가 오나 학교를 다니던 그들에게 멋진 옷을 입고 이따금씩 열리는 동창회에 참석하여 친구의 얼굴을 보고 소식을 듣는 것만큼 즐거운 일은 없었다고 한다.

졸업연도별로 같은 옷을 입은 검단초등학교 졸업생들은 그 상대가 선배이건 후배이건 최선을 다해 체육대회를 즐겼다. 검단초등학교의 운동장을 가득 메운 중

〈그림 19-4〉 1999년 검단초 14회 동창회

검단의 연말은 매우 분주하다. 검단초등학교 동창회가 기수마다 열리기 때문이다. 도시 개발로 자연스레 재산이 불은 동창생들이 동창회를 과하게 열고 폼을 잡기도 한다. 그러나 이들에게는 동창회의 하루가 마냥 즐겁다. 과거 같은 반에서 공부하고, 같은 운동장에서 뛰놀던 친구들을 만날 수 있기 때문이다.

〈그림 19-5〉 검단초등학교 총동창회 체육대회 (1)

검단초등학교 총동창회 체육대회, 이날만큼은 검단 읍내가 시끄럽다. 필자도 현지조사 때 총동창회 체육대회에 참가한 적이 있다. 인근 내로라하는 정치인들이 인사차 방문한다.

〈그림 19-6〉 검단초등학교 총동창회 체육대회 (2)

체육대회 도중, 그리고 체육대회가 끝난 후 기수별로, 반별로 사진을 찍곤 한다. 이들에게 검단초등학교는 고향이며, 어머니이며, 사교의 장이다.

〈그림 19-7〉 어머니와 아이들

자신이 졸업한 학교 교정에 자신의 아이들이 그 학교를 다니고 있다. 자식이 초등학교 후배인 셈이다. 그것이 기쁜 어머니는 학교 화단에 있는 사자상에 아이들을 앉히고 기념촬영을 한다.

〈그림 19-8〉 검단초등학교 동창 사진

현지조사 도중 입수한 초등학교 동창 사진, 이 사진은 동창회를 한 후 학교 교정에서 기념사진을 찍었던 모습이다. 아쉽게도 이 사진의 주인공을 찾지 못했다. 입수 시 제공자의 인적사항을 적지 못했던 것이다. 이 책을 읽게 될 검단의 어르신들은 이 사진이 검단초등학교 몇 회 동창회 사진인지 알려주시기를 간곡히 청한다.

년의 파워가 아름답다. 초년기 검단초등학교 운동장에서 뛰어 놀던 그 시절이 마냥 그리울 따름이다.

검단초등학교의 총동창회가 주관하는 체육대회는 많은 기수의 선후배들이 모이는 자리라는 의미만큼 졸업 동기들이 모여 다시 옛날처럼 땀을 흘리고 그 시절을 추억하는 의미를 지닌다.

검단초등학교에는 지역의 으뜸 유치원인 병설유치원이 있다. 검단 지역 아이들은 초등학교에 다니는 형이나 누나의 손을 잡고 병설유치원을 다녔다고 한다.

검단 지역이 도시로 발전하기 전에는 지역에서 오고 가며 검단초등학교 동창을 만날 수 있었다고 한다. 친구가 군대에 간다더라, 시집을 간다더라 하는 이야기가 떠돌면 반드시 모여서 그에 관한 이야기를 나눴다는 정겨운 동창들이 요즘 하나 둘 세상을 떠난다며 걱정을 많이 한다.

맺음말

    필자는 지난 2011년에 『스토리텔링의 사회문화적 확장과 변용』이라는 책과 아울러 이어 같은 해에 검단 마을지 연구결과를 토대로 『지역문화 콘텐츠와 스토리텔링: 검단의 기억과 이야기』라는 책을 펴낸 바 있다. 앞선 책은 필자의 단독 저서로, 스토리텔링에 관한 필자의 첫 번째 책이다. 이 책은 스토리텔링의 간섭 영역을 말과 글에서 공간과 사회문화적 현상으로 확장한 사례를 게시했다. 이어 발간한 두 번째 책은 검단 마을지 연구의 결과를 기술한 공동저술이다. 이어 스토리텔링에 관한 세 번째 책은 『문화기호학과 공간 스토리텔링』, 네 번째 책은 『인문콘텐츠와 인물 스토리텔링』이다.

    이번 책 『마을 문화기술지와 스토리텔링: 검단 사람들의 생애 이야기』는 앞선 다른 책들보다 감회가 새롭다. 그 이유는 현지조사를 했던 2009년부터 지금까지 약 9년이라는 세월이 흘렀기 때문이다. 이 책에서 필자는 검단 어르신들께 집필이 지연된 이유를 말씀드리고 글로써 사죄 드리는 계기를 마련했다. 그래서 더욱 이 책의 문장 하나하나, 마침표 하나하나기 소중하다.

    필자는 이 책을 통해 택지개발사업 대상지로 선정된 농촌 마을 사회 그리고 그 구성원들에게 검단이라는 공간 속에서, 그리고 같은 공간이 다른 사람들과 어떻게 상호작용하는지를 기록하는 데 주안점을 두었다. 모든 사건은 기억을 만들고, 그 기억은 다시 그리움을 만든다. 그렇지만 이들의 기억은 이제 어디서든 찾아볼 수 없게 되었다. 단지 동시대를 살아온 세대들만이 공유하는 문화로 한정되어 버렸다. 너른 들판은 아파트 숲으로 채워지고, 피라미를 잡고 물장구를 쳤던 마을의 시내는 복개천으로 뒤덮였다. 검단 마을 사람들이 기억해낼 수 있는 공간은 점차 사라져가고 있다.

필자는 이런 안타까운 마음으로 검단 마을지 연구에 임했다. 그 연구결과로 2011년에 내놓은 『지역문화 콘텐츠와 스토리텔링: 검단의 기억과 이야기』의 서문에서 이미 '마을은 우리의 마음을 담고 있는 공동체이자 우리가 터 잡고 살아가는 가장 실질적인 일상생활의 둘레다. 이 땅에 발을 딛고 살아가는 우리 모두는 마을 안에서 태어나서 생로병사, 희로애락의 경험을 공유한다. 그뿐만 아니라 마을은 가족과 다른 가족을 이어주는 도구이며, 마을 안에서 공동의식을 배우고 사회성을 넓혀나간다. 이렇듯 마을은 우리 인간의 삶에 중요한 장이다. 그래서 여러 학문영역에서 마을에 관한 연구도 활발하게 하고 있다.

이 책은 마을 사람들의 이야기를 적고 있다. 구체적으로 말하면 마을 사람들의 가족 이야기, 마을 사람들과 함께하는 그 마을 사람들 간의 관계 이야기, 그 마을을 지켜온 선조들을 숭배하고 따르고자 하는 이야기, 기억이 머물고 있는 공간들의 이야기를 기술한다.

이 책은 모두 5부로 구성했으며, 각 부의 내용들을 정리하면 다음과 같다. 1부는 '마을 문화콘텐츠와 스토리텔링'이라는 주제로 1장 '마을연구와 마을문화 콘텐츠', 2장 '마을문화 콘텐츠의 스토리텔링 설계', 3장 '마을문화 콘텐츠의 스토리텔링 방법'을 기술한다. 1부의 1~3장 내용들은 이론적인 부분으로서 마을연구의 개

넘, 마을연구의 동향, 마을문화의 문화 콘텐츠화 등에 대해 논의했고, 마을연구 수행 방법으로 문화기술지 연구와 그 연구결과를 기술하는 데 활용할 수 있는 스토리텔링에 대해 기술했다.

필자는 이 책에서 마을연구의 적당한 방법으로서 문화기술지 방법을 제안하고 있고, 이런 문화기술지 연구를 통해 얻어낸 결과를 스토리텔링 기법으로 정리하는 사례를 보이려 했다. 그래서 1부에서는 마을 주민의 이야기를 채집하는 데 '포토텔링'이라는 기법을 제안한 바 있다. 또한 이야기를 다시 이야기로 만드는 과정에서 필자는 가추법적 사유를 기반으로 한 스토리텔링 기법을 소개했다.

2부는 '검단 사람들의 아름다운 사랑 이야기'를 주제로 달고, 풍요로운 자연환경의 은혜만큼이나 마을 사람들에게 서로를 아끼고 사랑하는 마음은 그 자체로 마을의 전통이 되었다. 일제강점기를 거쳐 한국전쟁 후에 배고프고 어려웠던 시절, 꿈과 희망을 잃지 않고 서로에게 의지하며 이겨낸 시간들은 여전히 그들의 가슴에 남아 추억이 되었다. 각자의 가슴 안에만 담아두기에는 너무나 크고 아름다워서 모자 간, 고부 간, 부자 간 사랑에서 피어나는 검단 사람들의 이야기들을 여기에 기록했다.

4장 '아파트 앞 절구는 누가 가져다놓았을까?'에서는 이미 고인이 되신 박선녀 어르신의 이야기를 담았다. 꽃가마 타고 시집온 이야기, 남편으로부터 돌절구를 선물받고 그 절구로 가족들의 식사를 준비했던 이야기들을 기술했다.

5장 '한 많은 인생의 참 벗은 나의 가족'에서는 검단초등학교 정문 바로 앞에 사시는 김귀분 어르신과 그녀의 며느리 최명숙 씨의 이야기를 적었다. 김귀분 어르신이 40여 년간 김포, 강화, 인천을 오가며 보따리장사를 했던 이야기, 불의의 사고로 다친 아들을 둔 어미와 아내의 아름다운 마음을 담았다.

6장 '고이 간직해둔 아버지의 마음'에서는 목지마을의 정호실 어르신 내외분의 이야기를 적었다. 땡볕에서 고추농사를 지어 지식들의 학업을 지원했던 희생적인 이야기가 감동스럽게 기록되었다. 그런 부모의 마음을 헤아리는 아들의 마음도 이 글에 함께했다.

3부는 '검단 사람들의 조상을 기리는 마음'으로 주제를 설정했다. 우리는 검단 곳곳에서 전통적인 마을공동체에서 나타나는 조상신 숭배 현상을 볼 수 있다. 민속학적 의미에서 조상신 숭배란 부모나 조부모와 같이 피를 이어준 조상들의 혼령도 가택신의 하나로 받들어온 일상의례를 말한다. 여기에는 그들에 대한 형식적인 제사나 시제는 물론 일상생활에서 조상을 기리는 아름다운 마음도 포함된다. 검단 사람들의 조상을 기리는 아름다운 이야기 세 가지를 여기에 적는다.

7장 '고문서를 통해 조상과 소통하다'에서는 대곡동 황골마을 신상철 어르신의 조상들의 자부심을 기록했다. 특히 마음에 와 닿는 큰 뜻은 "농사를 천직으로 알고 살았어요. 제게 중요한 건 부모님 모시고 고향을 지키는 것입니다." 이 두 마디 말로 그의 인생은 마을에 뿌리를 두고 있었음을 알 수 있었다.

8장 '조상을 섬기는 마음이 하늘에 닿아'에서는 원당동 능굴마을 김병학 어르신의 이야기를 실었다. 특히 필자와의 인터뷰에서 "가급적이면 나는 여기를 안 떠나려고 해요. 고려 적부터 600년을 살았잖아"가 인상적이었다. 그런 그 어르신의 최근 인터뷰는 그의 생가가 아닌 이주하신 아파트에서 이뤄졌다. 어쩔 수 없는 이주로 어르신의 당찬 모습을 찾아볼 수 없어 인터뷰 내내 마음이 아팠던 기억이 있다.

9장 '조상님을 자랑스럽게 여기다'에서는 당하동 광명마을 심오섭 어르신의 이야기를 기록했다. 아직까지 청송심씨 집성촌을 이루고 있는 이 마을에 대한 자랑과 훈장을 하시면서 독립운동에 참여하신 어르신의 조부님에 관한 이야기가 광명마을을 지켜주는 느티나무와 함께 기록되었다.

4부는 '검단을 사랑하는 사람들'을 소개한다. 검단이 이토록 풍요롭고, 또 지속적으로 발전하는 데 보이지 않는 곳에서 묵묵히 일하고 있는 사람들이 있다. 여기에서는 이와 같은 검단을 사랑하는 세 분의 어르신 이야기를 기술했다.

10장 '유림의 실천, 마음이 중요합니다'에서는 500여 년이 넘는 시간을 검단에 살아오면서 문중 대대로 지역발전을 위해 힘써온 청마마을 향토사가 이종백 어르신의 이야기가 자리했다. 검단 유도회를 이끌고 대포서원을 운영하는 등 옛 전통을 이어 오늘날 검단의 후학들에게 인과 예의 교육을 위해 헌신하신 이종백 어르신의 이야기가 기술되었다.

11장 '사라지기 전에 기록해야 합니다'에서는 서구문화원 박한준 원장님의 검단 사랑 이야기가 기술되었다. 지역 향토사학자답게 "제 꿈은 검단에서 지역주민의 마음의 고향을 지켜주는 것입니다"라고 단호하게 말씀하셨다. 이는 사라져가는 고향 마을을 기록해야 한다는 의지를 보이는 것이다. 실제로 그는 검단이 포함된 서구의 역사와 전통에 관한 자료를 모으고 책을 출간하셨다.

12장 '검단초등학교는 검단 사람들의 고향입니다'에서는 현장연구 당시 이주형 교장선생님의 이야기를 담았다. "여기는 검단 역사의 흔적을 그대로 담은 곳이라고 볼 수 있죠." 이 한마디가 검단초등학교와 검단 마을 사람들의 관계를 알려주는 듯하다. 빛바랜 학교의 앨범들을 보여주시면서 앞으로도 검단의 역사는 계속되어야 한다는 말씀을 들려주셨다.

13장 '아이들에게 마을 역사를 알려주기'에서는 검단선사박물관의 김상종 관장님의 이야기를 담았다. 그가 들려준 "인천광역시 검단선사박물관은 박물관만이 아니라 지역과 마을의 흔적이며 이야기입니다"라는 한마디가 마을을 기록하는 데 대한 중요성을 보여주는 것 같다. 선사 시대부터 민족의 터전이 된 검단을 기억하고 보호하고 검단의 역사를 알아나가는 것이 얼마나 중요한지를 느낄 수 있었다.

14장 '검단의 전통과 정통성 계승하기'에서 검단 유도회를 이끄시는 장상진 전교님의 이야기를 들었다. 유학자의 가품이 묻어나는 그는 "검단 유도회는 검단 주민이 가져야 할 의식의 기둥이고 뿌리입니다. 검단의 전통과 정통성을 지키고 계승해야 할 책임이 있어요"라고 말한다. 지역사회에서 유교적 전통을 계승하고 유교적 삶을 살아나가고자 하시는 그의 모습에서 옛 검단 사람들의 선비 근성을 느낄 수 있었다.

5부는 '검단에서 만난 공간의 기억과 흔적'을 기록했다. 검단에는 검단 사람들을 묵묵히 지키고 있는 공간, 검단 주민의 기억을 재생할 수 있는 공간이 존재한다. 이런 공간들이 있기에 검단의 역사와 전통이 전승되며, 검단 사람들이 지역문화 정체성을 확립해나간다고 본다. 역사가 시작되기 이전에 검단에 살았던 사람들의 흔적들은 검단선사박물관에서 찾아볼 수 있다. 여기에서는 검단을 아끼고 사랑하는 다양한 사람들의 이야기, 그리고 검단 사람들의 기억이 재생되는 공간들의 이야기를 기술한다.

15장 '검단 교육의 근간, 검단초등학교'에서는 마을주민의 기억 공간으로서 검단초등학교 이야기를 기술했고, 16장 '마을의 고인돌, 아이들의 놀이 공간'에서는 선사시대부터 우리 조상들이 살아온 흔적인 수많은 고인돌에 관한 이야기를 기술했다. 17장 '검단선사박물관, 옛날 옛적의 기록'에서는 검단선사박물관의 지역문화 체험교육을 설명했고, 18장 '삶의 터전으로서 마을의 기억'에서는 여러 마을 주민이 기억하는 마을의 행사와 마을에서의 다양한 삶의 모습을 기술했다. 19장 '검단초등학교의 기억과 흔적'에서는 마을 사람들의 기억 속에 자리 잡고 있는 검단초등학교의 모습을 그렸다.

모두 16가지 이야기가 이 책에 자리하고 있다. 이 이야기들은 단순한 것이 아니라 검단에 둥지를 틀고 살아온 그들을 기억하는 장치이며, 그들을 엮어주는 매개가 될 것이다.

　이 책을 마무리하면서 서문을 적을 때 느꼈던 탈고의 기쁨, 뭔가를 털고 가벼워졌다는 부담감 없는 마음, 그러면서도 왠지 이야기가 부족하지 않았는지, 이들의 이야기가 사실과 너무 격리되거나 미화되어 오해로 이어질 수는 있지 않을지 등의 걱정이 앞선다. 그러나 필자는 『질적 연구의 즐거움』에서 "질적 연구는 이타적 연구이면서 동시에 이기적인 연구"라고 정의했다. 이 책이 '문화기술지'라는 질적 연구에 힘입어 나온 만큼 나 역시 이타적이면서 철저히 이기적인 연구자여야 한다고 본다. 이타적인 부분은 이미 글에서 표현되었고, 이기적인 부분만이 여기에 남는다.

　필자는 이 연구를 통해 16가지 이야기를 넘어 그들의 다양한 삶에 공감하고, 현대를 살아가는 많은 사람의 삶에 대해 경외감을 갖게 되었다. 누구에게나 이유 없는 삶은 없으며, 모든 삶은 의미를 내포한다는 단순하지만 깊은 진리를 깨달았다. 이쯤 되면 나의 이기심은 충분한 것 아닌가. 검단 마을연구를 통해 내 삶의 다양함을 인정하고, 인간에 대한 경외감을 느꼈다면 이는 어떤 대가를 치르고 과외를 받아도 아깝지 않을 연구가 아니었을까 한다.

참고문헌

강민희(2016),「경산자인단오제의 스토리텔링 방안 모색: '한장군'과 '여원무'를 중심으로」,『한국문예창작』 15(2), 한국문예창작학회.

고석규(2006),「지역문화 콘텐츠 개발사례: 전남지역을 중심으로」,『인문콘텐츠』8, 인문콘텐츠학회.

김기혁(2009),「마을연구에서의 지도의 활용」, 한국학중앙연구원제3기 향토문화아카데미 자료집: 마을연구조사 방법론과 마을지 제작, 한국학중앙연구원.

김명자(2005),「도시생활과 세시풍속」,『韓國民俗學』41(1), 한국민속학회.

김석진·신창훈(2010),「시민의 마을 만들기 실천을 위한 방향성 설정에 관한 고찰」,『地域社會開發研究』 35(2), 한국지역사회발전학회.

김선직 외(2009),「마을만들기의 전략적 실천방안에 관한 연구」,『수도권연구』6, 안양대학교 수도권발전연구소.

김시덕(2009),「마을민속에서 산업민속으로 변화되는 일생의례의 연구」,『民俗研究』19, 안동대학교 민속학연구소.

김영 외(2008),「마을 만들기 거버넌스 특성과 평가에 관한 연구」,『도시행정학보』21(3), 한국도시행정학회.

김영순(2011),『스토리텔링의 사회문화적 확장과 변용 텍스트와 이미지에서 문화교육으로』, 북코리아.

김영순 외(2018),『인문콘텐츠와 인물 스토리텔링』, 북코리아.

김영순·박한준 외(2011),『지역문화 콘텐츠와 스토리텔링: 검단의 기억과 이야기』, 북코리아.

김영순·오세경(2010),「지역문화교육을 위한 지명유래 전설의 스토리텔링 사례 연구」,『문화예술교육연구』 5(1), 한국문화교육학회.

김영순·유희지(2010),「향토문화자원의 스토리텔링 과정에 관한 연구」,『인문콘텐츠』제17권, 인문콘텐츠학회.

김영순·임지혜(2010),「디지털 마을지 제작 과정에 관한 연구: 인천 서구 검단을 중심으로」,『언어와 문화』

6(3), 한국언어문화교육학회.

김정하(2013), 「도시마을 현대민속의 역동성과 진정성」, 『民俗硏究』 27, 안동대학교 민속학연구소.

_____(2016), 「한국도시민속 연구를 위한 지역연구 방법론 활용」, 『韓國民俗學』 63, 한국민속학회.

김창민(2008), 「마을 조사와 연구에 대한 비판적 성찰」, 『韓國民俗學』 47, 한국민속학회.

김포군지(1991), 김포군지편찬위원회.

김현 외(2009), 『지역문화 콘텐츠 제작의 실제』, 북코리아.

나승만(2002), 「마을 민속 조사·연구의 실제와 문제」, 『民俗硏究』 11, 안동대학교 민속학연구소.

남근우(2008), 「도시민속학에서 포클로리즘 연구로: 임재해의 '비판적 성찰'에 부쳐」, 『韓國民俗學』 47(1),
    한국민속학회.

마하트마 간디(2006), 『마을이 세계를 구한다』, 녹색평론사.

문화유적분포지도(2007), 인하대학교 박물관.

박경용(2007), 「도시민속과 시장 공간」, 『실천민속학연구』 9, 실천민속학회.

박봉수(2016), 「영주귀국 사할린 한인의 통과의례 내러티브 탐구」, 인하대학교 대학원 박사학위 논문.

박봉수·김영순(2016), 「민족 미디어를 통한 사할린 한인의 민족 정체성 구성 경험 탐구」,
    『학습자중심교과교육연구』 16(5), 학습자중심교과교육연구학회.

박재묵(2007), 「'살기 좋은 지역 만들기'와 지역거버넌스」 6(1), NGO연구, 한국NGO학회.

박한준(2009), 『검단의 역사와 문화』, 인천서구문화원 향토문화연구소.

박환영(2006), 『도시민속학』, 역락.

_____(2011), 「도시민속 연구의 방법과 영역」, 『韓國民俗學』 54(1), 한국민속학회.

배영동(2015), 「전통적 마을민속의 공공문화 자원화 과정」, 『비교민속학』 58, 비교민속학회.

서해숙(2010), 「농촌마을의 민속변화와 문화적 대응」, 『남도민속연구』 21, 남도민속학회.

송인하(2010), 「마을공동체운동의 성공조건과 과제」 14, 『지방자치연구』, 전북대학교 지방자치연구소.

신동흔(2006), 「민속과 문화원형, 그리고 콘텐츠: 문화산업 시대, 민속학자의 자리」, 『韓國民俗學』 43(1),
    한국민속학회.

심승구(2005), 「한국 술 문화의 원형과 콘텐츠화 — 술 문화의 글로벌콘텐츠를 위한 담론체계 탐색」,
    인문콘텐츠학회 학술심포지엄, 인문콘텐츠학회.

유혜령(1998), 「교수매체 환경과 유아의 경험양식에 관한 현상학적 연구: 자유선택활동을 중심으로」,
    『幼兒敎育硏究』 18(1), 한국유아교육학회.

윤여각(1998), 「대학원 교육에서의 질문의 의미: 문화 기술적 사례 연구」,
    『교육인류학연구(ANTHROPOLOGY OF EDUCATION)』 1(1), 한국교육인류학회(The Korean

Society for the Study of Anthropology of Education).

윤택림(2004), 『문화와 역사연구를 위한 질적연구 방법론』, 아르케.

임동권(1978), 『향토문화개발의 의의: 향토문화개발과 보전』, 대한지방행정공제회.

임재해(2005), 「마을민속, 무엇을 어떻게 연구할 것인가」, 『民俗研究』 14, 안동대학교 민속학연구소.

_____(2007), 『도시속의 민속』, 실천민속학회.

_____(2008), 「공동체 문화로서 마을 민속문화의 공유 가치」, 『실천민속학연구』 11, 실천민속학회.

_____(2009), 「마을민속 연구와 인문학문의 길」, 『民俗研究』 19, 안동대학교 민속학연구소.

임지혜(2012), 「마을문화 콘텐츠의 기호학적 해석 모델에 관한 연구」, 인하대학교 대학원 박사학위논문.

정명철·유수영(2015), 「농촌마을 민속지식 발굴과 활용의 실제」, 『民俗研究』 31, 안동대학교
        민속학연구소.

정형호(2013), 「도시마을 민속 연구의 필요성과 접근 방법」, 『民俗研究』 27, 안동대학교 민속학연구소.

_____(2014), 『도시마을의 민속문화』, 민속원.

조용환(1999), 『질적연구 방법과 사례』, 교육과학사.

조희진(2009), 「마을민속 연구의 사각지대」, 『民俗研究』 19, 안동대학교 민속학연구소.

주형일(2003), 「사진매체의 수용을 통해 본 19세기 말 한국 사회의 시각문화에 대한 연구」, 『韓國言論學報』
        47(6), 한국언론학회.

최원오(2009), 「도시민속지 만들기와 도시민속학의 가능성」, 『민속학연구』 25, 국립민속박물관.

한국학중앙연구원(2011), 한국민족문화대백과사전(http://encykorea.aks.ac.kr/).

한상일(2009), 「우리시대의 관광자원으로서 민속의 가치구현에 관한 연구」, 『실천민속학연구』 14,
        실천민속학회.

홍용희(1998), 「참여관찰과 심층면담: 연구자와 연구대상자의 관계」, 『교육과학연구』 28, 이화여자대학교
        사범대학교 교육과학연구소.

Alan Peshkin (1988), "Understanding complexity: A gift of qualitative inquiry," Anthropology &
        Education Quarterly 19, American Anthropological Association.

D. Rihtman-Augustin (1978), "Traditional culture, Folklore, and Mass culture in contemporary
        Yugoslavia," Folklore in the Modern World.

John W. Creswell (2003), Qualitative, quantitative, and mixed methods approach, London:
        SAGE publisher.

RC Bogdan, SK Biklen (1991), 『교육연구의 새 접근: 질적 연구』, 교육과학사.

RC Bogdan, SK Biklen (2003), Qualitative research and design for education: An introduction to theories and research, Boston, MA: Allyn & Bacon.

Salmon, Christian (2008), Storytelling, Editions La Découverte, 류은영 역(2010), 『스토리텔링』, 현실문화.

Wolcott, H. F. (1994), Transforming qualitative data: Description analysis, and interpretation, Thousand Oaks, CA: Sage.

찾아보기